BEI GRIN MACHT SICH IHR
WISSEN BEZAHLT

- Wir veröffentlichen Ihre Hausarbeit,
  Bachelor- und Masterarbeit

- Ihr eigenes eBook und Buch -
  weltweit in allen wichtigen Shops

- Verdienen Sie an jedem Verkauf

Jetzt bei www.GRIN.com hochladen
und kostenlos publizieren

Mohamed Asad

Analyse der Planungs- und Steuerungsmöglichkeiten der internen Kommunikation in kleinen und mittelständischen Unternehmen durch Social Media Governance

GRIN Verlag

Bibliografische Information der Deutschen Nationalbibliothek:

Die Deutsche Bibliothek verzeichnet diese Publikation in der Deutschen National-
bibliografie; detaillierte bibliografische Daten sind im Internet über http://dnb.d-
nb.de/ abrufbar.

Impressum:

Copyright © 2014 GRIN Verlag GmbH
Druck und Bindung: Books on Demand GmbH, Norderstedt Germany
ISBN: 978-3-656-82940-9

Dieses Buch bei GRIN:

http://www.grin.com/de/e-book/279964/analyse-der-planungs-und-steuerungsmoeg-
lichkeiten-der-internen-kommunikation

Bachelorarbeit

zum Thema

Analyse der Planungs- und Steuerungsmöglichkeiten der internen Kommunikation in kleinen und mittel- ständischen Unternehmen durch Social Media Governance

Vorgelegt der Fakultät für Wirtschaftswissenschaften

der Universität Duisburg-Essen

von: Mohamed Asad

Wintersemester 2013/2014, 6. Studiensemester

Kurzfassung

Die Relevanz sozialer Medien für den Einsatz im Unternehmen ist heutzutage unverkennbar und wird voraussichtlich in der Zukunft nicht an Wert verlieren. Dies ist dadurch zu begründen, dass die dazugehörigen Kommunikationskanäle, wie Weblogs, Wikis und soziale Netzwerke, jeweils zahlreiche Vorteile für die Kommunikation im Unternehmen mit sich bringen. Allerdings ist zu erkennen, dass Social Media Aktivitäten meist unkontrolliert sowie ohne bestimmte Strategie, Verantwortlichkeiten und Überprüfung durchgeführt werden. Ein strategischer Einsatz sozialer Medien in Unternehmen bedarf dementsprechend einer durchdachten Planung und Steuerung in Form eines Bezugssystems, wobei dieses unter dem Konzept „Social Media Governance" verstanden wird. Diese Ausrichtung bei der Verwendung von Social Media ist insbesondere für kleine und mittelständische Unternehmen (KMU) von großer Bedeutung, da es in vielen Fällen bereits an einer übergeordneten Strategie mangelt. Die Nutzung sozialer Medien in Organisationen bezieht sich sowohl die auf externe als auch auf die interne Kommunikation von Unternehmen jeglicher Größe, wobei der Fokus in dieser Arbeit auf der internen Kommunikation via Social Media liegt. Hierbei wird in der Literatur der Begriff „Social Software" verwendet, welcher die interne Nutzung von Social Media zur Verbesserung der Zusammenarbeit und zum Wissensmanagement innerhalb eines Unternehmens meint. Zwar nutzen Großunternehmen anteilsmäßig häufiger Social Media als KMU, jedoch ist das Potenzial von Social Media für KMU ebenso gegeben. Demnach wird in dieser Arbeit darauf eingegangen, wie ein effizientes und strategieorientiertes Management der Social Software in KMU aussieht. Neben einer Strategieentwicklung für die Social Software ist es zunächst wichtig, die Unternehmenskultur offen zu gestalten. Dies kann gelingen, wenn die involvierten Personen frühzeitig in den Prozess der langfristigen Social Software Nutzung eingebunden werden. Darüber hinaus sind Richtlinien sowie Verantwortlichkeiten zur Koordinierung der sozialen Medien festzulegen. Ferner sollten die Social Software Nutzer für eine effiziente Nutzung geschult sowie Kontrollmöglichkeiten zur Überprüfung des Erfolgs geschaffen werden, damit zukünftige Aktivitäten in den Social Software Kanälen optimiert werden können.

Abstract

Nowadays, the relevance of social media for the use in enterprises is distinct, and it is likely not to lose in value in future. This is justified by the numerous advantages of the associated communication tools, like weblogs, wikis, and social networking sites which can be beneficial for the communication in enterprises. Certainly, in most cases it is noticeable that social media activities are unregulated, and carried out without particular strategy, responsibilities and review. Thus, a strategic use of social media in enterprises requires a sophisticated planning and governance in terms of a framework, whereby this concept is called "Social Media Governance". This direction using social media is especially of prime importance for small and medium-sized enterprises because in many cases there is already a lack of a superior strategy. The social media usage refers to both the external and internal communication of organizations of any size. However, in this thesis the internal communication via social media is investigated. Here, research makes use of the term "social software" which describes the internal use of social media for the improvement of collaboration and for the knowledge management within an enterprise. Although social media is more often used in major enterprises the potential for small and medium-sized enterprises is present. According to this, this thesis examines how an efficient and strategic management of social software can look like. In addition to developing strategies for social software, first it is important that the organizational culture is open-minded. This can be achieved by integrating the involved individuals in the process of the long-termed social software use at an early stage. Furthermore, guidelines as well as responsibilities have to be determined for the coordination of social media. Moreover, social software users should participate in trainings in order to utilize these communication tools efficiently. Finally, the adoption of measures is essential in order to review the benefits so that future social software activities can be improved.

Inhaltsverzeichnis

Abbildungsverzeichnis

Tabellenverzeichnis

Abkürzungsverzeichnis

BITKOM....Bundesverband für Informationswirtschaft, Telekommunikation und neue Medien

CMC.........Computer Mediated Communication

F&E..........Forschung und Entwicklung

HR ....Human Resource

IBM..........International Business Machines

KMU.........Kleine und mittelständische Unternehmen

KPIs.........Key Performance Indicators

POST........People, Objectives, Strategy, Technology

PR ....Public Relations

ROE ....Return on Expectations

ROI..........Return on Investment

RSS ....Really Simple Syndication

XML ....eXtensible Markup Language

1. Einführung

In diesem Abschnitt wird zunächst auf die Motive der Bachelorarbeit eingegangen, bevor es einen Überblick über den Forschungsgegenstand sowie die Forschungsmethode gibt. Abschließend wird die Struktur dieser Arbeit dargestellt.

1.1 Motivation

Social Media sind nicht nur eine Form von Kommunikation zwischen mehreren Personen, sondern haben zudem das Potenzial Mehrwerte für Unternehmen zu generieren, wie bspw. zur Verbesserung der Geschäftsprozesse oder als Mittel für die Unternehmenskommunikation (Leisenberg und Schweifel 2012, S. 212). Allerdings sind die Gefahren auf der anderen Seite, z.B. die Gefährdung der Datensicherheit und die Verschlechterung der Produktivität der Mitarbeiter (Hauptmann und Steger 2013, S. 30) nicht zu vernachlässigen.

Das Potenzial von Social Media ist für Unternehmen jeglicher Größe enorm hoch, da sie sich von herkömmlichen Kommunikationsmitteln, wie beispielsweise E-Mails, dahingehend unterscheiden, dass sie mehr Funktionen bieten. Demnach liegt der zentrale Unterschied darin, dass bei Social Media die Möglichkeit besteht, mit anderen Personen in einem sozialen Umfeld zu interagieren (Hauptmann und Steger 2013, S. 27). Ebenso implizieren Koch und Richter, dass die traditionelle elektronische Kommunikation, auch genannt Computer Mediated Communication (CMC), im Gegensatz zu Social Media keine direkte Kommunikation zu anderen Benutzern eines Netzwerkes ermöglicht. Außerdem ist es durch Social Media praktikabel Kontakte zu knüpfen und zu pflegen, wobei dieser soziale Aspekt bei CMC nicht gegeben ist (Koch und Richter 2009a, S. 12). Weiterhin betonen AßMANN UND RÖBBELN (2013, S. 15), dass der technische Fortschritt, der zur weiten Verbreitung sozialer Medien geführt hat, die bisher einfachste Möglichkeit bietet, *„zu Kunden, zu Stakeholdern und auch zu möglichen Arbeitnehmern"* eine Beziehung aufzubauen. KOCH UND RICHTER (2009a, S. 12) sprechen nicht von Social Media, sondern verwenden den Begriff Social Software, wobei in der Literatur beide Begriffe z. T. synonym verwendet werden (Komus und Wauch 2008, S. 2). Eine Abgrenzung dieser Ausprägungen erfolgt im Kapitel 2.1.

Zunächst ist es für die Social Media Nutzung im Unternehmen essentiell, dass das Unternehmen vor der Verwendung von Social Media einen Plan entwickelt, in dem ersichtlich wird, welche Ziele und Strategien verfolgt werden (Leisenberg und Schweifel 2012, S. 228).

Die strategische Perspektive beim Einsatz von Social Media in Unternehmen setzt voraus, dass die Social Media Nutzung nicht als Projekt, sondern als persistente Aufgabe angesehen wird, damit letztlich ein Nutzen entsteht (Iyilikci und Schmidt 2011, S. 80).

Besonders bei kleinen und mittelständischen Unternehmen (KMU) ist festzustellen, dass in vielen Fällen, unabhängig vom Thema Social Media, eine strategische Ausrichtung nicht existiert, wobei sowohl interne als auch externe Faktoren den Mangel am strategischen Denken verursachen. Hierbei sind interne Faktoren nicht vorhandene Konzepte zur Entwicklung und Implementierung einer Strategie, wohingegen erhöhter Druck am Markt sowie sinkende Produktlebenszyklen als äußere Faktoren zu sehen sind (Deimel und Kraus 2007, S. 155).

Daraus ergibt sich, dass die strategische Ausrichtung der Social Media Aktivitäten besonders bei KMU problematisch ist. Dabei ist das Ignorieren von Social Media keine Lösung, da ihre Nutzung langfristig die meisten Unternehmen betrifft. Diese Wichtigkeit ist das Resultat des Kommunikationsverhaltens der Menschen, das sich dahingehend verändert hat, dass in heutiger Zeit Unternehmen und ihre Kunden interagieren, welches mittels Social Media unkompliziert durchgeführt werden kann (Drüner 2011, S. 611). Die Konsequenz daraus ist, dass vor allem KMU einen Plan entwickeln sollten, um langfristig Social Media im eigenen Unternehmen erfolgreich zu nutzen.

Unter Social Media Aktivitäten in Unternehmen wird insbesondere zwischen externer und interner Kommunikation unterschieden. Social Media wird laut einer repräsentativen Studie namens Social Media in deutschen Unternehmen, des Bundesverbandes für Informationswirtschaft, Telekommunikation und neue Medien (BITKOM) mit 723 Unternehmen, davon 646 KMU von ca. 75 % aller Unternehmen für die externe Kommunikation verwendet. Dabei wird u. a. für Produkte geworben, also Marketing betrieben. Die Social Media Anwendungen, die am meisten für die externe Unternehmenskommunikation angewandt werden, sind soziale Netzwerke, wie z.B. Facebook oder Twitter, oder Video-Plattformen, wie bspw. YouTube (BITKOM 2012, S. 8). Laut dieser Studie waren ca. 47 % aller Unternehmen im Bereich Social Media aktiv und weitere 15 % hatten eine Teilnahme geplant (BITKOM 2012, S. 4). Die befragten Unternehmen kamen aus der Handels-, Industrie- und Dienstleistungsbranche (BITKOM 2012, S. 7). Eine weitere, empirische Studie, durchgeführt von FINK ET AL. (2011, S. 6) zum Thema Social Media Governance weist darauf hin, dass bereits 71,3 % der

Unternehmen im deutschsprachigen Raum Social Media einsetzen. Bei dieser Studie wurden insgesamt 596 Leiter aus Kommunikationsabteilungen ihres Unternehmens befragt (Fink et al. 2011, S. 4), wobei zwischen börsennotierten, nicht börsennotierten, behördlichen und gemeinnützigen Organisationen unterschieden wird (Fink et al. 2011, S. 11). Jedoch sollten die Ergebnisse der beiden Studien aufgrund ihres Bezugs auf lediglich deutschsprachige Unternehmen nicht verallgemeinert werden.

Social Media Anwendungen für die interne Kommunikation sind dadurch geprägt, dass sie weitestgehend unter dem Begriff *„Social Software"* verstanden werden (Manouchehri Far 2010, S. 17; Koch und Richter 2009a, S. 11; Back und Heidecke 2009, S. 4). Die Einbindung der Social Software in Unternehmen, unter Berücksichtigung der Organisationsstrukturen und der Unternehmenskultur, wird in der Literatur durch Enterprise 2.0 zusammengefasst (Koch und Richter 2009a, S. 16; Pein 2014, S. 310; Stecher 2012, S. 37). Die meist genutzten Formate für die interne Kommunikation sind Wikis und Weblogs, die der Unterstützung und Verbesserung der Zusammenarbeit und Kommunikation dienen sowie Informationen für das kollektive Wissen bereitstellen und verknüpfen (Manouchehri Far 2010, S. 57; Bendel 2007, S. 93; Back und Heidecke 2009, S. 9).

Für den weiteren Verlauf der Arbeit liegt der Fokus auf der internen Kommunikation mittels Social Software. Insbesondere soll darauf eingegangen werden, wie der Einsatz von Social Software für die interne Kommunikation in KMU geplant und gesteuert werden kann. Dieser Vorgang der Planung und Steuerung von Social Media Aktivitäten wird als Social Media Governance zusammengefasst (Zerfaß et al. 2011, S. 1033).

1.2 Forschungsgegenstand

Zwar wird Social Media in vielen Unternehmen genutzt und das Forschungsgebiet ist trotz der jungen Disziplin fortgeschritten, jedoch liegt der Fokus der Untersuchung bezüglich Social Media in Unternehmen hauptsächlich auf der Vorgehensweise, wie Social Media für Unternehmen Nutzen erzeugen kann (Kaplan und Haenlein 2010, S. 59–68; Hauptmann und Steger 2013, S. 26–46). Zudem konzentriert sich die Literatur auf Vor- und Nachteile sozialer Netzwerke im Unternehmenskontext (Kaplan und Haenlein 2010, S. 59–68; Hauptmann und Steger 2013, S. 26–46; Iyilikci und Schmidt 2011, S. 73–90). Daneben existiert Fachliteratur mit speziellen Praxisbezügen von Social Media für Unternehmen, sodass sie Handlungsempfehlungen geben, wie Social Media in ein Unternehmen integriert werden können und wie sie langfristig erfolgreich einzusetzen sind (Heymann-Reder 2011, S. 15–16; Aßmann und Röbbeln 2013, S. 17).

Das Forschungsgebiet rund um Social Software beleuchtet insbesondere die Nutzenpotenziale für die interne Zusammenarbeit in Unternehmen, wobei ebenfalls untersucht wird, wie die konkrete Nutzenrealisierung aussieht (Manouchehri Far 2010, S. 57–98; Döbler 2008, S. 119–136). Des Weiteren geht es in diesem Bereich um die Frage, wie Social Software in Unternehmen geplant und eingeführt wird sowie erfolgreich zum Einsatz kommen kann (Koch und Richter 2009a, S. 11–16). Zudem fokussiert sich BENDEL (2007, S. 93–110) mit der Eignung und dem Potenzial von Social Software, insbesondere von Weblogs und Wikis, für das Wissensmanagement in KMU.

Weiterhin beschäftigt sich die Forschung kleiner und mittelständischer Unternehmen im Kern mit dem Management jener Unternehmen und betont die Wichtigkeit der KMU für die nationale Volkswirtschaft in Deutschland, aber auch in internationaler Sichtweise (Deimel und Kraus 2007, S. 155–170; Institut für Mittelstandsforschung Bonn 2013). Hierbei wird vor allem die fehlende strategische Ausrichtung als Defizit von KMU genannt, sodass sie langfristige Pläne kaum wahrnehmen oder gar entwickeln (Deimel und Kraus 2007, S. 155–170).

Zwar wurde bereits im Bereich der Planung und Steuerung der Kommunikation via Social Media geforscht, allerdings beziehen sich die Forschungsergebnisse im Kern auf die externe Kommunikation, demzufolge auf die Kommunikation mit dem Markt und den Kunden (Aßmann und Röbbeln 2013, S. 15). Der zentrale Grund dafür liegt darin, dass etwa 75 % der Unternehmen in Deutschland Social Media für externe Zwecke einsetzen (BITKOM 2012, S. 8).

Es liegen überdies Erkenntnisse in der Forschung im Bereich der Social Media Governance vor, jedoch wird dabei keine Differenzierung zwischen Großunternehmen und KMU vorgenommen. Ebenso spielt das Einsatzgebiet der Social Media Instrumente, interne oder externe Kommunikation, nur eine untergeordnete Rolle (Zerfaß et al. 2011, S. 1026–1047; Heymann-Reder 2011, S. 75–78).

Demnach ist das Ziel der Arbeit, diese Forschungslücke zu füllen, wobei versucht wird, die zentrale Bedeutung des strategischen Denkens für die Social Media Nutzung in KMU hervorzuheben. Der Fokus liegt insbesondere in der Planung und Steuerung der internen Kommunikation mittels Social Media. Zusätzlich wird mit dieser Arbeit bezweckt, dass sie als prophylaktische Maßnahme beim Management von Social Media Anwendungen in KMU dienen soll.

1.3 Forschungsmethode

Mit dieser Bachelorarbeit wird das Ziel verfolgt, durch einen Forschungsüberblick bereits vorhandener Ergebnisse eine Literaturanalyse durchzuführen. Damit wird beabsichtigt, existierende Literatur kritisch zu untersuchen und eigene Forschungsergebnisse über das Management von Social Software Aktivitäten für die innerbetriebliche Kommunikation in KMU zu liefern.

1.4 Aufbau und Verlauf der Arbeit

Die Bearbeitung der zentralen Themen vollzieht sich in vier Schritten.

Im ersten Schritt (Kapitel 2) werden die grundlegenden Begriffe geklärt, damit ein besseres Verständnis jener Termini gegeben ist. Darum werden Social Media bzw. Social Software, Social Media Governance, KMU und Kommunikation näher definiert.

Im zweiten Schritt (Kapitel 3) erfolgt eine detaillierte Untersuchung der Planung und Steuerung von Social Software Aktivitäten für die interne Unternehmenskommunikation. Bei diesem Vorgehen werden insbesondere KMU betrachtet und eine strategische Perspektive eingenommen.

Der dritte Schritt (Kapitel 4) konzentriert sich mit der Präsentation und Diskussion der Forschungsergebnisse, die im Kapitel 3 erarbeitet werden.

Schließlich gibt es im vierten Schritt (Kapitel 5) eine Zusammenfassung der Forschungsergebnisse. Zudem wird auf die Zukunftsperspektive des Themas eingegangen, indem potenzielle Fragestellungen für die Zukunft dargestellt werden.

2. Grundlagen

Bevor der Fokus auf der Planung und Steuerung der internen Kommunikation in kleinen und mittelständischen Unternehmen (KMU) liegt, ist es notwendig, die grundlegenden Termini im Kontext dieser Arbeit zu definieren. Diese Begriffe sind Social Media bzw. Social Software, Social Media Governance, KMU und Kommunikation. Da es unterschiedliche Auslegungen gibt, sollten wegen der ausgewählten Ausprägungen jener Begriffe, die darauffolgenden Forschungsergebnisse kritisch betrachtet werden.

2.1 Social Media und Social Software

Viele Menschen nutzen Social Media, wie Facebook, Twitter, LinkedIn, Wikipedia, YouTube, etc., wobei sie nicht exakt wissen, was unter dem Begriff zu verstehen ist (Kaplan und Haenlein 2010, S. 59).

Der Begriff Social Media kann als technologie-unterstützter Dialog zwischen Individuen oder Gruppen verstanden werden (Reilly und Weirup 2012, S. 3). Weiterhin definiert HEYMANN-REDER (2011, S. 20) Social Media als Plattformen im Internet, auf der Benutzer eine Beziehung zu anderen Benutzern herstellen und mit ihnen in Kontakt treten.

Eine detailliertere Definition wird vermittelt, wenn zunächst zwei andere Konzepte betrachtet werden. Zunächst ist der Begriff Web 2.0 von besonderer Bedeutung, das als eine Plattform, auf der Inhalte (Content) und Applikationen nicht mehr von Einzelpersonen erstellt und veröffentlicht, sondern mitwirkend und gemeinschaftlich von allen Benutzern kontinuierlich modifiziert werden (Kaplan und Haenlein 2010, S. 61). Die Einschränkung, bei der Inhalte und Applikationen durch Einzelpersonen erstellt und veröffentlicht werden, ist eine Eigenschaft von Web 1.0, das sich in diesem Punkt von Web 2.0 unterscheidet. Demnach wird in der Literatur das Web 2.0 ebenfalls als „Mitmach-Web" bezeichnet (Back 2012, S. 2). Dies liegt daran, weil sich das Nutzungsverhalten dahingehend geändert hat, dass die Nutzer nicht nur Inhalte konsumieren, sondern ebenso produzieren (z. B. durch Weblogs, Wiki-Einträge oder soziale Netzwerke) wollen, sodass Vernetzungsstrukturen entstehen (Back 2012, S. 3). Der zweite Begriff, der untersucht werden muss, ist User Generated Content. KAPLAN UND HAENLEIN (2010, S. 61) argumentieren, dass User Generated Content Medieninhalte darstellt, die durch Konsumenten produziert und über das Internet verfügbar sind. Die grundlegende Voraussetzung zur Klassifizierung von Medieninhalten als User Generated Content ist ihre Position im Internet, da sie entweder auf einer öffentlichen Webseite oder auf einer Seite eines sozialen Netzwerkes veröffentlicht sein muss. Basierend auf diesen beiden genannten Begriffen definieren die Autoren Social Media wie folgt: *„Social Media is a group of Internet-based applications that build on the ideological and technological foundations of Web 2.0, and that allow the creation and exchange of User Generated Content"* (Kaplan und Haenlein 2010, S. 61).

Zusätzlich ist besonders die Abgrenzung von Social Media zur Social Software hervorzuheben, da beide Begriffe teilweise als Synonym verwendet werden (Komus und Wauch 2008, S. 2). Social Software wird in der Literatur teilweise ähnlich definiert wie Social Media (Back und Heidecke 2009, S. 4; Bendel 2007, S. 93). BACK UND HEIDECKE (2009, S. 4) definieren Social Software zum Beispiel wie folgt: *„Social-Software-Anwendungen unterstützen als Teil eines soziotechnischen Systems menschliche Kommunikation, Interaktion und Zusammenarbeit. Dabei nutzen die Akteure die Potenziale und Beiträge eines Netzwerks von Teilnehmern"*. Zusätzlich bezeichnet BENDEL (2007, S. 93) Social Software als *„elektronische Plattformen und Dienste, die soziale Aktivitäten wie Kommunikation und Kooperation bzw. den Aufbau und Betrieb von sozialen Netzwerken ermöglichen und unterstützen"*. Des Weiteren gibt es Autoren, die aufgrund der inhaltlichen Nähe zueinander zwischen Social Software und Web 2.0 nicht differenzieren (Komus und Wauch 2008, S. 2). Jedoch wird für diese Arbeit eine Differenzierung vorgenommen, wobei die Web 2.0 Definition von KAPLAN UND HAENLEIN (2010, S. 61) sowie die Social Software Definition von BACK UND HEIDECKE (2009, S. 4) angenommen werden.

Die Literatur nimmt bei der Entstehung der Begriffe keine Differenzierung vor: Social Software, worunter u. a. Wikis und Weblogs fallen, stellt eine Erweiterung des Web 2.0 dar (Back 2012, S. 3; Pleil und Zerfaß 2007, S. 524). Die Entstehung des Social Media Begriffs basiert, wie in Kapitel 2.1 beschrieben, auch auf dem Web 2.0 (Kaplan und Haenlein 2010, S. 61; Back 2012, S. 6).

Allerdings gibt es einen zentralen Unterschied zwischen Social Software und Social Media: Auf der einen Seite beinhaltet Social Media sowohl Dienste im frei zugänglichen Internet als auch Anwendungen für die innerbetriebliche Kommunikation. Auf der anderen Seite werden unter Social Software im engeren Sinne Dienste zur internen Unternehmenskommunikation und zum effizienten Informations- und Wissensmanagement verstanden (Back 2012, S. 6). Diese Aussage spiegelt sich vor allem in den Werken anderer Autoren wider, die über den Einsatz sozialer Medien für die interne Kommunikation schreiben, da sie größtenteils von Social Software sprechen (Döbler 2008, S. 119–136; Bendel

2007, S. 93–110; Pleil und Zerfaß 2007, S. 511–532). Überdies grenzt PEIN (2014, S. 312) die Begriffe so ab, dass die Nutzer von Social Software einem Unternehmen angehören. Ausgenommen sind jedoch externe Nutzer, die nicht Teil des Unternehmens, aber dennoch eingegliedert sind (Pein 2014, S. 312). Demzufolge wird im weiteren Verlauf Social Software für die im Unternehmen intern eingesetzten sozialen Medien verwendet, während angenommen wird, dass Social Media alle Kanäle für die externe und interne Unternehmenskommunikation umfasst. Somit wird für diese Arbeit das Verständnis beider Begriffe von BACK (2012, S. 6) verwendet.

Darüber hinaus wird in der Literatur der Begriff „Enterprise 2.0" erwähnt und beschrieben als die Nutzung von Social Software innerhalb eines Unternehmens (Koch und Richter 2009a, S. 16; Pein 2014, S. 310). Obwohl Social Software eine Weiterentwicklung des Web 2.0 darstellt (Back 2012, S. 3; Pleil und Zerfaß 2007, S. 524), betont STECHER (2012, S. 37) explizit die Wichtigkeit des Web 2.0 im Kontext von Enterprise 2.0. Demzufolge dient Enterprise 2.0 dazu, „die Konzepte des Web 2.0 und von Social Software nachzuvollziehen und zu versuchen, diese auf die Zusammenarbeit in den Unternehmen zu übertragen", wobei eine offene Unternehmenskultur entscheidend zum Erfolg beitragen kann (Koch und Richter 2009a, S. 16). Der Faktor der Unternehmenskultur zum Einsatz von Enterprise 2.0 wird im Kapitel 3.1.1 detailliert erläutert. Schließlich erfordert das Enterprise 2.0 die Unterstützung der Unternehmensführung, da die innerbetriebliche Zusammenarbeit betroffen ist, sowie ein Veränderungsmanagement, da die Einführung und Verwaltung der Social Software im Unternehmen nicht in Form von „formalen Prozessen" vollzogen werden sollte, sondern die Anliegen der Mitarbeiter zu beachten sind (Koch und Richter 2009a, S. 15). Vor allem das Top-Management und andere Entscheider sollten von der Enterprise 2.0 Einführung überzeugt sein, wodurch die langfristige Etablierung der Social Software vereinfacht wird (Pein 2014, S. 313–314).

Des Weiteren ist die Abgrenzung einzelner Social Media Ausprägungen, besonders hinsichtlich der internen Kommunikation, vorzunehmen. Darunter fallen Weblogs, Wikis und soziale Netzwerke. Im Folgenden gibt es eine inhaltliche Abgrenzung dieser drei Formen, wobei ihre Funktionen, Anwendungsgebiete und Nutzenpotenziale für Unternehmen erläutert werden.

2.1.1 Weblogs

Das Wort „Weblog" ist ein Zusammenschluss des englischen Begriffs „Web" und „Log", welches die Kurzform für Logbuch darstellt (Robes 2012, S. 34).

Weblogs, ebenso genannt Blogs, werden von ROBES (2012, S. 34) bezeichnet als *„Webseiten, auf denen regelmäßig Inhalte in Form von Texten, Bildern, Sound und Videos publiziert werden"*. Die Beiträge werden dabei in umgekehrt chronologischer Reihenfolge angezeigt, wodurch der letzte Eintrag im Blog als oberster zusehen ist (Peters 2011, S. 89). Die Verfasser von Blogs, eine Person oder eine Gruppe von Personen, werden Blogger genannt. ROBES (2012, S. 34) fasst das Konzept des Weblogs zusammen als *„eine Art öffentlich einsehbares Tagebuch"*. Aus dieser Klassifizierung lässt sich schließen, dass Blogs subjektiv geprägt sind und die Sichtweise ihrer Autoren offenlegen (Röchert-Vogt und Gronau 2012, S. 43).

Bevor der Einsatz von Blogs im Unternehmenskonzept untersucht wird, ist es wichtig zu klären, wie ein Blog funktioniert. Blogs werden ermöglicht durch Weblog-Systeme (Koch und Richter 2009a, S. 26), ebenfalls Content-Management-Systeme genannt, wobei den potenziellen Bloggern Vorlagen zur vereinfachten Gestaltung des Blogs angeboten werden. Diese Systeme geben den Lesern die Möglichkeit, alle Beiträge eines Blogs zu kommentieren, wobei den Beiträgen eine dauerhafte Internetadresse zugewiesen wird. Außerdem besteht die Möglichkeit, durch einen Feed, in dem die Beiträge eines Blogs archiviert werden, jene Beiträge zu abonnieren (Robes 2012, S. 35). Eine verbreitete Technologie in diesem Bereich nennt sich RSS-Feed (Really Simple Syndication), wobei dadurch das Abonnieren von Webseiteninhalten ermöglicht wird. Dieses Verfahren ist XML-basiert (Koch und Richter 2009a, S. 25), welches für eXtensible Markup Language steht und eine *„standardisierte Metasprache"* darstellt (Koch und Richter 2009a, S. 203). Zudem lassen sich einzelne Beiträge durch *„Trackback"* und *„Blogroll"* miteinander verknüpfen. Trackback meint den Verweis eines Bloggers auf einen anderen Blogger, wodurch der zitierte Autor eine Nachricht erhält. Mit Blogroll bezeichnet ROBES (2012, S. 35) den Verweis von Bloggern auf ihre jeweils favorisierten Blogs anderer Blogger. Sowohl durch Trackback und Blogroll als auch durch die dauerhafte Internetadresse entsteht die *„Blogosphäre"*, die das Verknüpfung einzelner Blogs beschreibt (Robes 2012, S. 35). Dieser Begriff wird ebenfalls von anderen Autoren in diesem Zusammen-hang genannt (Pleil 2012, S. 248; Koch und Richter 2009a, S. 25).

Gemäß der Unterteilung der Unternehmenskommunikation durch PETERS (2011, S. 39), der zwischen interner Kommunikation, Marktkommunikation und Public Relations (PR) differenziert, können je nach Kommunikationsform verschiedene Blogarten im Unternehmenskontext verwendet werden (Zerfaß und Boelter 2005, S. 127). Die untere Abbildung 2.1 verdeutlicht, sowohl in welchem Bereich der Kommunikation als auch zu welchem Zweck ein Blog eingesetzt wird:

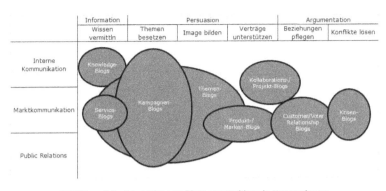

Abbildung 2.1: Anwendungsgebiete von Weblogs in Unternehmen

Quelle: in Anlehnung an ZERFAß UND BOELTER (2005, S. 127)

Da der Fokus dieser Arbeit auf der internen Kommunikation liegt, werden im nächsten Schritt die Nutzenpotenziale, insbesondere von Blogs für das Wissens- und Projektmanagement erörtert. Diese Blogs dienen als *„Informationsspeicher, Reflexions- oder Kommunikationsmedium"* und werden im Kontext des Wissens- managements als *„Knowledge Blogs"* betitelt, wobei diese lediglich für die Mitarbeiter des Unternehmens zugänglich sind (Koch und Richter 2009a, S. 27).

KOCH UND RICHTER (2009a, S. 27) nennen vier zentrale Nutzenpotenziale von Blogs, die die Vorteile von ihnen aufzeigen und in der Tabelle 2.1 zu sehen sind.

Zeitersparnis	Die Koordinationsfunktion von Weblogs führt dazu, dass sich Mitarbeiter gezielt abstimmen können.
Innovation	Durch Weblogs erreichen Ideen und Gedanken der Mitarbeiter vielleicht die entscheidende Stelle, an der sie eine Innovation bewirken kann.
Klareres Stimmungsbild	In den einzelnen Weblogs wird das Stimmungsbild der einzelnen Mitarbeiter abgebildet.
Verstärkter Teamgeist	Erfolge verbreiten sich schnell über Weblogs. Im Wochenbericht werden auch persönliche Mitteilungen schnell ausgetauscht – zum Beispiel familiäre Ereignisse, Tipps oder sportliche Leistungen.

Tabelle 2.1: Zentrale Vorteile von Weblogs[1]

Quelle: (Koch und Richter 2009a, S. 28)

Insbesondere in Arbeitsgruppen, deren Mitglieder nicht am gleichen Ort arbeiten, können Knowledge Blogs, die im Intranet verwaltet werden, hilfreich sein, um

---

[1] Hierbei handelt es sich um ein wörtliches Zitat, das mit abweichender Darstellungsform präsentiert wird.

Erkenntnisse, bspw. über Produkte oder Prozesse, gemeinsam nutzen und diskutieren zu können. Nicht nur Mitarbeiter, sondern auch Führungskräfte können von Blogs profitieren, da sie im Fall eines Mitarbeiterblogs komprimiert und effizient die subjektive Meinung des Mitarbeiters oder die Atmosphäre in einer Projektgruppe nachvollziehen können (Koch und Richter 2009a, S. 27).

2.1.2 Wikis

Ein Wiki wird beschrieben als eine Sammlung von gleich strukturierten Seiten im World Wide Web (Koch und Richter 2009a, S. 37). Vor der Fokuslegung auf die Anwendungsgebiete von Wikis im Unternehmen, wird zunächst skizziert, wie diese generell funktionieren und aufgebaut sind. Das Alleinstellungsmerkmal von Wikis ist die einfache Nutzerbeteiligung, wobei Inhalte nicht nur gelesen, sondern auch editiert werden können (Levy 2009, S. 124). Wikis sind nach dem Anyone-Can-Edit-Prinzip von HARNAD (1990, S. 342–343) aufgebaut, wodurch alle Nutzer die gleiche Berechtigung haben Inhalte zu editieren. Die bekannteste und am weitest verbreitete Wiki-Anwendung ist Wikipedia. Bei dieser Online-Enzyklopädie ist es für jeden Nutzer möglich, einen Beitrag zu einem Stichwort zu verfassen, ohne allerdings technische Kenntnisse, wie z. B. Auszeichnungssprachen zu beherrschen (Koch und Richter 2009a, S. 37). Die Webseiten der jeweiligen Beiträge sind durch Links miteinander verknüpft, sodass das Wissen effizient geteilt werden kann (Levy 2009, S. 124).

Wikis zeichnen sich, im Gegensatz zu Blogs, dadurch aus, *„das Fachwissen mehrerer Nutzer zu bestimmten Themen zu konsolidieren indem die Nutzer gemeinsam eine Menge von Webseiten erstellen und bearbeiten"* (Koch und Richter 2009a, S. 37). Demzufolge sind Autoren in Wikis zu einer gewissen Objektivität verpflichtet, da ein Konsens über die Beiträge mit der Mehrheit der Nutzer erreicht werden muss (Röchert-Vogt und Gronau 2012, S. 43). Während Koch und Richter (2009a, S. 38) Blogs als reines *„Kommunikationsmedium"* sehen, bezeichnen RÖCHERT-VOGT UND GRONAU (2012, S. 47) Wikis als *„Informationsplattform"*, die *„Kommunikation, Kollaboration und Koordination"* vereint.

Wie bei der bereits erwähnten Wiki-Anwendung von Wikipedia, gibt es in anderen Wikis ebenso Verlinkungen innerhalb eines Wikis, sodass diese hierarchisch angeordnet werden können. Des Weiteren befindet sich in einem Wiki eine Textsuch-Funktion, die jeden Beitrag des Wikis beinhaltet und von allen Webseiten aus zugänglich ist. Im Resultat steht *„ein Pool aus vernetzten Informationen und Wissen"*. Durch spezielle Software lässt sich ein Wiki nutzen. Die Wiki-Software verwaltet die Wiki-Beiträge, die durch ein Skript erstellt und in einer Datenbank gespeichert werden. Anschließend werden die Wiki-Seiten via HTML im Webbrowser angezeigt (Röchert-Vogt und Gronau 2012, S. 45).

Im Unternehmenskontext haben Wikis eine andere Struktur als im frei zugänglichen World Wide Web. Dieser Unterschied bezieht sich primär darauf, dass in Wikis im Unternehmen nicht jeder Nutzer die gleichen Rechte besitzt, sodass im Wiki der Aufbau und die Hierarchien eines Unternehmens abgebildet werden. In Unternehmen werden Wikis typischerweise für das Wissensmanagement eingesetzt (Röchert-Vogt und Gronau 2012, S. 45). In der Literatur werden in diesem Zusammenhang Wikis als *„Gruppeneditoren"* benannt, wobei eine *„Gruppe von Personen"* an einem Beitrag arbeiten kann (Koch und Richter 2009a, S. 38). Wikis eignen sich laut KOCH UND RICHTER (2009a, S. 39) insbesondere für folgende Zwecke:

- *„Dokumentation von Wissen: Gemeinsame Erstellung von Installationsanleitungen, Handbücher, FAQs, [...] Schulungsunterlagen, Fehlerverfolgung von Software, Glossare"*
- *„Projektmanagement: Gemeinsame Erstellung und Pflege von Gesprächsprotokollen, Projektbeschreibungen, Zeitplänen, Tagesordnungen, Testergebnissen, [...] etc."*
- *„Sammlung / Austausch von Informationen: Link-Sammlungen, Notiz-Block, ToDo-Listen"*
- *„Plattform für internationalen Expertentausch"*
- *„Personal Information Management – elektronisches Notizbuch"*

In den vorgenannten Anwendungsgebieten weisen Wikis ihren Nutzen vor, der in der *„Offenheit des Systems"* und der einfachen Bedienung liegt. Durch die Tatsache, dass jeder Nutzer nicht nur lesen, sondern, sofern die Rechte vorhanden sind, auch Inhalte produzieren kann, kann das Verfassen von Wiki-Beiträgen *„Prestige steigernd [...] oder aufmerksamkeitswirksam"* sein. Mittels Kritik in Form von editierten Beiträgen durch andere Autoren wird die Effektivität der eigenen Arbeitsweise gefördert (Röchert-Vogt und Gronau 2012, S. 50). Weiterhin bietet sich der Vorteil, dass Wikis, wie z. B. Blogs, zeit- und ortsunabhängig sind, sodass bspw. Personen an verschiedenen Lokationen ohne größere Probleme an einem Dokument arbeiten können (Röchert-Vogt und Gronau 2012, S. 47).

2.1.3 Soziale Netzwerke

Soziale Netzwerke oder Social-Networking-Dienste stellen eine weitere Möglichkeit dar, Social Software im Unternehmen einzusetzen, wobei andere Ziele verfolgt werden als bei Weblogs und Wikis (Koch und Richter 2009b, S. 69). Laut

KOCH UND RICHTER (2009a, S. 54) sind soziale Netzwerke Dienste, *„die ihren Nutzern Funktionen zum Identitätsmanagement (d.h. zur Darstellung der eigenen Person i.d.R. in Form eines Profils) zur Verfügung stellen und ermöglichen darüber hinaus die Vernetzung mit anderen Nutzern (und so die Verwaltung eigener Kontakte und Pflege eines Netzwerkes)".* Zudem bezeichnen KAPLAN UND HAENLEIN (2010, S. 63) soziale Netzwerke als Applikationen zur Verknüpfung von Nutzern, indem sie persönliche Informationen auf ihren Profilen veröffentlichen und diese bewerten sowie sich gegenseitig Nachrichten mit verschiedenen Informationen und Dateiformaten senden können. In deutschen Unternehmen repräsentieren soziale Netzwerke die am weitesten verbreitete Social Media Ausprägung, wobei in Deutschland zu den bekanntesten Facebook und XING zählen (BITKOM 2012, S. 8).

Im Unternehmen können soziale Netzwerke in zwei verschiedenen Formen zum Einsatz kommen. Zum einen existieren frei zugängliche soziale Netzwerke, wie bspw. XING und LinkedIn, die sich als soziales Netzwerk für Geschäftsbeziehungen etabliert haben. Dabei fokussieren sich beide Netzwerke auf die Vernetzung der Mitarbeiter eines Unternehmens untereinander sowie zu anderen Unternehmen. Nicht nur für die Mitarbeiter, sondern ebenfalls für das ganze Unternehmen kann ein Auftritt in einem der beiden (oder gar in beiden) sinnvoll sein, da das vorhandene Expertenwissen einer breiten Masse vorgestellt wird und dies sich Prestige steigernd auswirken kann. Zum anderen besteht die Möglichkeit, soziale Netzwerke im Intranet zu betreiben. Zwar sind die Vernetzungsmöglichkeiten zu anderen Unternehmen nicht gegeben, jedoch entsteht der Vorteil, dass detailliertere Daten und Unternehmensinterna ausgetauscht werden können. Ein bekanntes Beispiel sind die IBM Blue Pages (Koch und Richter 2009b, S. 71–73).

Zentrale Vorteile von sozialen Netzwerken aus der Perspektive von Unternehmen sind Bündelung von kollektivem Wissen zur Steigerung der Kompetenz, Vertrauensaufbau durch Kontaktpflege und geringe Hemmschwelle zur Kontaktaufnahme durch die non-verbale Kommunikation zur Generierung weiterer Informationen. Weitere Vorteile sind schnelle Vernetzungsmöglichkeiten zu anderen Nutzern sowie die einfache Bedienung durch kaum existierende Beschränkungen (Koch und Richter 2009a, S. 57–58). Der Zweck sozialer Netzwerke ist aus dem Namen ableitbar, denn in der Literatur wird Networking beschrieben als *„Aufbau und [...] Pflegen von Beziehungen"* (Koch und Richter 2009a, S. 53). Die in der Definition von KOCH UND RICHTER (2009a, S. 54) erwähnten Funktionen beziehen sich nicht nur auf das Identitätsmanagement, sondern auch auf weitere Aufgabenbereiche, die im Folgenden allesamt präsentiert werden:

Identitätsmanagement	Darunter fällt die Möglichkeit für den Nutzer, durch ein eigenes Profil sich selbst, einem breiten Publikum bzw. den Nutzern des sozialen Netzwerkes, zu präsentieren.
Expertensuche	Dabei geht um die Identifizierung und Nutzung von implizitem Wissen, wobei man das soziale Netzwerk nach Kriterien durchsuchen oder sich potenziell geeignete Kontakte automatisch anzeigen lassen kann. Je mehr Informationen die Nutzer veröffentlichen, desto erfolgreicher wird die Expertensuche.
Kontextawareness	Um eine vertrauensvolle Basis für die Kommunikation, mit einer bisher fremden Person, in einem sozialen Netzwerk zu legen, ist die Visualisierung von gemeinsamen Kontakten hilfreich. Somit ist es einfacher, Vertrauen zu gewinnen bzw. einen Kontext herzustellen.
Kontaktmanagement	Hierbei werden die Pflege des eigenen Netzwerkes und alle dazugehörigen Funktionen zur Kontaktverwaltung verstanden.
Netzwerkawareness	Es geht dabei um die Benachrichtigung aller Aktivitäten der Kontakte im eigenen Netzwerk, wobei zwischen Pull- und Push-Funktionen unterschieden wird. Während der Nutzer bei Pull-Funktionen die Informationen über Kontakte aktiv abrufen muss, werden ihm bei Push-Funktionen diese im persönlichen Netzwerk angezeigt.

Tabelle 2.2: Grundfunktionen von sozialen Netzwerken[2]
Quelle: in Anlehnung an KOCH UND RICHTER (2009a, S. 54–57)

2.2 Herleitung zur Social Media Governance

Da die besondere Bedeutung von Social Media, sowohl für die interne als auch die externe Unternehmenskommunikation in der Literatur hervorgehoben wird (Kaplan und Haenlein 2010, S. 59–68; Hauptmann und Steger 2013, S. 26–46; Iyilikci und Schmidt 2011, S. 73–90), führt dies dazu, dass Strategien und Strukturen zur Social Media Nutzung festgelegt werden sollten, damit die Kommunikation via Social Media koordiniert werden kann. Jene strategische Planung und Steuerung der Social Media Nutzung wird unter dem Begriff *„Social Media Governance"* verstanden (Zerfaß et al. 2011, S. 1027).

Bevor Social Media Governance definiert wird, ist es essentiell, die Bedeutung des Governance-Konzeptes und der Corporate Governance zu klären.

---

[2] Es handelt sich um eine veränderte Darstellungsform sowie bei den Aufgabenbereichen, linke Spalte der Tabelle, um ein wörtliches Zitat.

Governance

Der Begriff „*Governance*" wird häufiger in den Sozialwissenschaften gebraucht als in den wirtschaftswissenschaftlichen Disziplinen (Benz 2004, S. 12; Zerfaß et al. 2011, S. 1032). ZERFAß ET AL. (2011, S. 1027) betrachten Governance aus sozialwissenschaftlicher Perspektive als umfassenden Ausdruck für alle institutionelle Strukturen und Prozesse zur Handhabung der Wechselwirkungen zwischen verschiedenen, meist gemeinschaftlichen, Akteuren. In der Politikwissenschaft existiert neben Governance ein ähnlicher Begriff, nämlich „*Government*", der jedoch von Governance zu unterscheiden ist. Zum einen bezieht sich Government auf das Regierungssystem in einem Staat und steht somit für die Autonomie einer Regierung. Zum anderen bezeichnet Governance in der Politikwissenschaft „*netzartige Strukturen des Zusammenwirkens staatlicher und privater Akteure*". Dementsprechend befasst sich der Terminus Governance mit speziellen „*Formen der politischen Steuerung zwischen Staat und Gesellschaft*" (Benz 2004, S. 18).

In den Sozialwissenschaften, vor allem in der Politikwissenschaft, findet der Governance-Begriff starke Verwendung, obwohl die Herkunft des Begriffs in der Ökonomie liegt. BENZ (2004, S. 15) bezeichnet demnach Governance im wirtschaftswissenschaftlichen Kontext als „*institutionelle Regelungen in Unternehmen, d.h. die Leistungs- und Verwaltungsstrukturen sowie die vertikalen und horizontalen Interaktionsmuster des Unternehmens, die der Verringerung von Transaktionskosten dienen*". Diese Begriffsauffassung basiert auf der Überlegung von COASE (1937, S. 388), dass nicht nur der Wettbewerbsmarkt, sondern auch die Strukturen im Unternehmen zur Effizienz in der Wirtschaft führen (Benz 2004, S. 15; Zerfaß et al. 2011, S. 1032).

Corporate Governance

ZERFAß ET AL. (2011, S. 1033) sowie BENZ (2004, S. 15) argumentieren, dass es sich hierbei um ein Rahmenwerk für das Organisieren und Steuern der Verhältnisse zwischen Management und Interessengruppen eines Unternehmens handelt. Darüber hinaus stellen ZERFAß ET AL. (2011, S. 1033) die Wichtigkeit der Coporate Governance heraus, in dem sie argumentieren, dass Beziehungen in Organisationen gewisse Risiken und Unsicherheiten verursachen, sodass diese durch die Coporate Governance reduziert werden, um Kooperationen komplikationslos gestalten zu können. Eine Kategorie jener Beziehungen, die von der Coporate Governance koordiniert werden, ist die Kommunikation zwischen einer Organisation und ihren Interessengruppen, wobei für diese Arbeit die Kommunikation via Social Media besonders im Fokus steht (Zerfaß et al. 2011, S. 1033).

Social Media Governance

Aus dem Verständnis von Corporate Governance lässt sich laut ZERFAß ET AL.
(2011, S. 1033) der Begriff „*Social Media Governance*" herleiten, den sie als
formelles oder informelles Rahmenwerk klassifizieren, das die Aktionen der
Mitglieder einer Organisation innerhalb des Social Webs reguliert. Durch
Veränderungen, speziell durch Social Media, im Web 2.0, die eine klare
Abgrenzung der Organisationskommunikation nicht mehr erlauben, ist eine
Social Media Governance besonders wichtig. Denn ist in der Unternehmenskommunikation zunehmend schwieriger zu prüfen, ob eine Kommunikation privat
oder öffentlich bzw. intern oder extern stattfindet (Zerfaß et al. 2011, S. 1033).

HEYMANN-REDER (2011, S. 75–76) sieht den Grund für die Notwendigkeit der
Social Media Governance in der Gefahr der unkontrollierten Social Media
Nutzung, die durch die Governance gelindert werden soll. Zur Einführung und
Anwendung von Social Media Governance gilt es zunächst das Ziel des Social
Media Einsatzes zu klären (Heymann-Reder 2011, S. 77). Bei der internen
Kommunikation in KMU liegt der Fokus der Social Media Nutzung in erster Linie
auf dem Wissensmanagement (Bendel 2007, S. 93–110), da hierbei weder mit
dem Markt noch mit dem Kunden kommuniziert wird. Des Weiteren gilt es, eine
Strategie zu entwickeln, die Auskunft darüber gibt, wie und über welche Tools
mit den Mitarbeitern kommuniziert wird (Heymann-Reder 2011, S. 77).
Weiterhin müssen Richtlinien und Mitarbeiter zur Überprüfung der Richtlinienein-
haltung festgelegt sowie den Mitarbeitern hinreichend Arbeitszeit eingeräumt
werden die Richtlinien zu verinnerlichen. Dazu bieten Schulungen eine gute
Chnace (Heymann-Reder 2011, S. 77–78). Da mit dem Einsatz von Social Media
Ziele verfolgt werden, ist es daher fundamental, die Zielerreichung zu analysie-
ren und zu messen (Heymann-Reder 2011, S. 78; Fink et al. 2012, S. 102).
Diese „*Identifikation, Beobachtung und Analyse der von den Nutzern erstellten
Inhalte*" in den sozialen Medien werden als „*Social Media Monitoring*" bezeichnet
(Aßmann und Röbbeln 2013, S. 295).

ZERFAß ET AL. (2011, S. 1033) unterscheiden zwei Formen der Social Media
Governance. Die erste Variante beinhaltet lediglich Richtlinien, an die sich die
Mitarbeiter eines Unternehmens während der Social Media Nutzung halten sollen,
wobei geregelt wird, wie die Mitarbeiter Social Media sowohl im Betrieb als auch
im Privatleben einzusetzen haben. Allerdings besteht die Gefahr, dass den
Mitarbeiter auf der einen Seite zu viel Freiheit eingeräumt wird, sodass die
Produktivität nachlässt und auf der anderen Seite, die Mitarbeiter aufgrund zu
vieler Einschränkungen und Verbote die Vorzüge von Social Media als effiziente

Kommunikationstools nicht mehr wahrnehmen (Zerfaß et al. 2011, S. 1034). Die zweite Variante umfasst nicht nur Richtlinien, sondern kann als Bezugssystem, basierend auf der Coporate Governance verstanden werden. ZERFAß ET AL. (2011, S. 1035) gehen bei der zweiten Variante, wie HEYMANN-REDER (2011, S. 75–78), davon aus, dass der strategische Einsatz von Social Media neben Richtlinien zusätzlich angemessenes Budget, moderne Informationstechnologien, unternehmensinterne Strukturen und in Social Media trainiertes Personal bedarf.

Dabei überschneiden sich die Ideen von HEYMANN-REDER (2011, S. 75–78) und ZERFAß ET AL. (2011, S. 1035) weitestgehend: Die Bereitstellung eines angemessenen Budgets (Zerfaß et al. 2011, S. 1035) ist gleichzusetzen mit dem Gedanken, dass für die Social Media Nutzung genügend bezahlte Arbeitszeit bereitgestellt werden soll (Heymann-Reder 2011, S. 77). Die unternehmensinternen Strukturen implizieren die Verteilung der Verantwortlichkeit und Steuerung der Prozesse (Zerfaß et al. 2011, S. 1035), welche von HEYMANN-REDER (2011, S. 77) ebenfalls angesprochen werden. Schließlich betonen sowohl ZERFAß ET AL. (2011, S. 1035) als auch HEYMANN-REDER (2011, S. 78) die Notwendigkeit der Mitarbeiterschulung bezüglich der Einhaltung der Social Media Rahmenbedingungen, damit die sozialen Medien effizient eingesetzt werden.

2.3 Kleine und mittelständische Unternehmen

Für den weiteren Verlauf ist es notwendig, eine quantitative Definition von KMU zu liefern. In der Literatur gibt es diverse Ansätze (Institut für Mittelstandsforschung Bonn 2002; Europäische Kommission 2003), wobei für diese Arbeit die Definition des Institut für Mittelstandsforschung (IfM) Bonn bevorzugt wird.

Unternehmensgröße	Anzahl Beschäftigter	Umsatz in Euro p. a.
Klein	bis 9	bis unter 1 Million
Mittel und kein kleines Unternehmen	bis 499	bis unter 50 Millionen
(KMU) zusammen	unter 500	unter 50 Millionen

Tabelle 2.3: KMU-Definition
Quelle: In Anlehnung an INSTITUT FÜR MITTELSTANDSFORSCHUNG BONN (2002)

Zusammenfassend ergibt sich, dass unter KMU Unternehmen verstanden werden, die weniger als 500 Personen beschäftigen und einen jährlichen Umsatz von weniger als 50 Millionen Euro erzielen (Institut für Mittelstandsforschung Bonn 2002).

KMU sind in volkswirtschaftlicher Hinsicht essentiell für einen Staat, wobei insbesondere in Deutschland ihre wirtschaftliche Kraft hervortritt (Institut für Mittelstandsforschung Bonn 2013). So erzielten KMU in Deutschland im Jahre 2011 einen Umsatz von 2,128 Billionen Euro und demzufolge einen Anteil von 35,9 % am Erlös aller deutschen Unternehmen (Institut für Mittelstandsfor-schung Bonn 2013). Obwohl deutsche KMU im Jahr 2011 lediglich einen Anteil von 15 % im Bereich der Forschung und Entwicklung im Wirtschaftssektor investierten, sind sie für die zukünftigen Arbeitnehmer besonders wichtig, denn im selben Jahr wurden 83,2 % aller Auszubildenden in Deutschland in KMU beschäftigt (Institut für Mittelstandsforschung Bonn 2013).

Es ist festzuhalten, dass die Abkürzung KMU in der Literatur und Praxis sowohl für *„kleine und mittlere Unternehmen"* als auch für *„kleine und mittelständische Unternehmen"* verwendet wird (Bendel 2007, S. 93; Staiger 2008, S. 2; Institut für Mittelstandsforschung Bonn o. J.). Im Weiteren werden mit dem Akronym KMU kleine und mittelständische Unternehmen gemeint sein. Jedoch ist das Wort *„Mittelstand"* eine deutsche Erfindung, sodass in den restlichen Staaten mit KMU *„kleine und mittlere Unternehmen"* gemeint sind (Institut für Mittelstandsfor-schung Bonn o. J.). Demnach umfasst *„der Begriff „Mittelstand" […] sowohl ökonomische als auch gesellschaftliche und psychologische Aspekte und geht somit weit über eine reine quantitative Abgrenzung hinaus"*, während die Formulierung *„kleine und mittlere Unternehmen"* lediglich eine statistische Abgrenzung zu Großunternehmen darstellt (Institut für Mittelstandsforschung Bonn o. J.).

Jene gesellschaftlichen und psychologischen Aspekte können als qualitative Kriterien, die Handlungsmuster in KMU und demzufolge unterschiedliche Strukturen in KMU und Großunternehmen beschreiben, verstanden werden (Staiger 2008, S. 14). STAIGER (2008, S. 15) führt aus, dass KMU im Gegensatz zu Großunternehmen bei der Unternehmensführung wenig delegiert wird, sodass die Führungen durch Eigentümer eingenommen werden. Weiterhin ist die Organisation in KMU weniger ausgeprägt als in Großunternehmen, wodurch in KMU höhere Flexibilität herrscht. Während Arbeitnehmer in KMU breites Fachwissen besitzen, spezialisieren sich ihre Kollegen in Großunternehmen in ihrem jeweiligen Teilbereich. Bezogen auf die Forschung und Entwicklung arbeiten Großunternehmen intensiver als KMU, die überwiegend weniger Forschung und Entwicklung betreiben. Schließlich unterscheiden sich KMU und Großunternehmen in der Produktion dahingehend, dass Großunternehmen spezialisierter produzieren, da ihnen hierbei gemeinhin mehr Kapital zur Verfügung steht (Staiger 2008, S. 15).

Basierend auf den vorgenannten Unterscheidungsmerkmalen, grenzt die Tabelle 2.4 KMU und Großunternehmen qualitativ voneinander ab:

	Kleine und mittelständische Unternehmen	Großunternehmen
Unterneh-mensführung	• Eigentümer-Unternehmer • Patriarchalische Führung • Kaum Planung	• Manager • Führung nach „Management by principles" • Umfangreiche Planung
Organisation	• Kaum Abteilungsbildung • Kurze direkte Informations-wege • Hohe Flexibilität	• Umfangreiche Abteilungsbil-dung • Vorgeschriebene Informations-wege • Geringe Flexibilität
Personal	• Häufig unbedeutender Anteil von ungelernten und ange-lernten Arbeitskräften • Wenige Akademiker beschäf-tigt • Überwiegend breites Fach-wissen	• Häufig großer Anteil von ungelernten und angelernten Arbeitskräften • Akademiker in größerem Umfang beschäftigt • Starke Tendenz zum Spezialis-tentum
Forschung und Entwicklung (F&E)	• Keine dauernd institutionali-sierte F&E-Abteilung • Kurzfristig-intuitiv ausgerich-tete F&E • Fast ausschließlich bedarfs-orientierte Produkt- und Ver-fahrensentwicklung, kaum Grundlagenforschung	• Dauernd institutionalisierte F&E-Abteilung • Langfristig-systematisch angelegte F&E • Produkt- und Verfahrensent-wicklung in engem Zusammen-hang mit Grundlagenforschung
Produktion	• Arbeitsintensiv • Überwiegend Universalma-schinen • Geringe Arbeitsteilung	• Kapitalintensiv • Überwiegend Spezialmaschinen • Hohe Arbeitsteilung

Tabelle 2.4: Qualitative Abgrenzung zwischen KMU und Großunternehmen
Quelle: in Anlehnung an STAIGER (2008, S. 15)

2.4 Kommunikation

Der grundlegende Zweck von Social Media ist die Kommunikation. Aber was genau bedeutet Kommunikation? In der Forschung existieren viele Definitionen. Das Konzept der Kommunikation wird von MALETZKE (1998, S. 37) kurz beschrie-ben als *„Bedeutungsvermittlung zwischen Lebewesen".* PETERS (2011, S. 38) liefert ein weiteres Verständnis von Kommunikation, die er definiert als Produktion von subjektiven Informationen und Bedeutungen durch eine Person mittels *„Verwendung und Kombination [...] bestehender und kollektiv geteilter Zeichen und Symbole"*. Diese Informationen und Bedeutungen werden durch den Nachrichtenerzeuger mit Hilfe der Sprache an andere Personen transferiert, wobei die Empfänger der Nachricht versuchen, die Nachricht wahrzunehmen und ihre Bedeutung zu dekodieren (Peters 2011, S. 38).

Des Weiteren definieren Allen et al. Kommunikation als eine prozessuale Aktivität, die das Unternehmen ausmacht. Diese Begriffsauslegung basiert auf dem Verständnis der Kommunikation und Organisation. Auf der einen Seite ist Kommunikation ein dynamisches und interaktives Konstrukt, wohingegen auf der anderen Seite Unternehmen Artefakte, in denen Individuen interagieren, darstellen (Allen et al. 1996, S. 384). Für diese Arbeit wird das Verständnis PETERS (2011, S. 38) von Kommunikation angenommen.

In diesem Kontext ist es notwendig, die exakte Bedeutung der Unternehmens-kommunikation zu kennen. Sie umfasst kommunikative Aktivitäten, die den *„korporativen Handlungsvollzug"* unterstützen und kann unterteilt werden in interne Kommunikation, Marktkommunikation und PR (Peters 2011, S. 39).

Weiterhin ist es insbesondere im Kontext von Social Media entscheidend, zwischen den verschiedenen Formen der Unternehmenskommunikation zu differenzieren. Die Literatur unterscheidet vier verschiedene Formen der Unternehmenskommunikation: One-to-One, One-to-Many, Many-to-One und Many-to-Many (Kolb 2011, S. 278).

Die One-to-One Kommunikation, wie bspw. Meetings oder Telefongespräche, ist die individuellste Form der Kommunikation, aber sie ist weniger effizient als die One-to-Many Kommunikation, da die One-to-Many Kommunikation für die breite Masse ausgelegt ist, sodass eine Vielzahl von Menschen adressiert werden (Kolb 2011, S. 278–279). Somit kann die One-to-Many Kommunikation als eine 1:N-Beziehung betrachtet werden (Clement und Schreiber 2013, S. 131), wobei eine herkömmliche Webseite, auf der die Nutzer nur lesen können, als Beispiel angenommen werden kann (Clement und Schreiber 2013, S. 424). Im Beispiel von Direct Mails kann dieser Ansatz zu Irritationen der Nachrichtenempfänger führen, weil durch die Push-Strategie dieser Nachrichten die Empfänger womöglich Informationen erhalten, die nicht gewünscht sind. Bezogen auf Social Media ist die häufigste Form die Many-to-Many Kommunikation, wobei die Benutzer zur gleichen Zeit sowohl Nachrichten empfangen als auch senden können (Kolb 2011, S. 279). Diese Form erlaubt es den Benutzern sich mit jedem anderen Nutzer zu verständigen (Clement und Schreiber 2013, S. 131). Allerdings eignet sich die Many-to-Many Kommunikation nicht für große Unternehmen, da die Many-to-One Kommunikation aufgrund der eingesetzten Software „*direktzu*", die in Berlin im Jahre 2006 an der Freien Universität entwickelt wurde, eine bessere Möglichkeit ist. Durch technische Filterung ist es möglich, Nutzerkommentare so zu bündeln, dass es ersichtlich ist, welche Nachrichten den Nutzern wichtig ist, damit diese effizient beantwortet werden können. Beispielhaft nutzt die Deutsche Telekom diese Technologie, sodass Tausende von Mitarbeiten angesprochen werden können (Kolb 2011, S. 280). Jedoch wird diese Art der Kommunikation in dem Kontext dieser Arbeit nicht weiter vertieft, da sich die Arbeit mit der internen Kommunikation via Social Media innerhalb kleiner und mittelständischer Unternehmen, die maximal 500 Menschen beschäftigen, befasst.

3. Social Media Governance in der internen Kommunikation in KMU

Für die Realisierung einer Social Media Governance für die Planung und Steuerung der Kommunikation durch Social Media lassen sich, bezugnehmend auf Kapitel 2.2, Social Media Governance nach HEYMANN-REDER (2011, S. 75–78) und ZERFAß ET AL. (2011, S. 1034–1035), folgende Schritte ableiten:

Bestimmung

- Einer Strategie des Social Media Einsatzes
- Von Guidelines
- Von Verantwortlichkeiten für die Social Media Aktivitäten
- Angemessener Ressourcen
- Von Maßnahmen zur Erfolgsmessung

Die vorgenannten Schritte werden in diesem Kapitel erläutert und an die interne Kommunikation in KMU adaptiert.

3.1 Social Software Strategie

Als erster Schritt zur Social Media Governance in KMU ist die Entwicklung einer Social Media Strategie nicht zu vermeiden, da Social Media und alle anderen sich aus Web 2.0 ergebenden Ausprägungen nicht nur ein Kommunikationsmedium darstellen. In der Literatur werden sie als soziales Gebilde bezeichnet, worin sich die beteiligten Personen vernetzen und der Austausch von Informationen stattfindet. Es ist aber zwingend erforderlich die Umsetzung der Strategieumsetzung nicht aus dem Blickfeld zu verlieren, denn nur die Formulierung der Strategie reicht für einen erfolgreichen Social Media Einsatz im Unternehmen nicht aus (Buhse 2012, S. 116). Doch bevor eine Strategie entwickelt werden kann, sollten Voraussetzungen in der Unternehmenskultur geschaffen werden, damit die geplante Einführung von Social Software gelingt (Pein 2014, S. 312). Jene Aspekte werden im Folgenden behandelt.

3.1.1 Wandel der Unternehmenskultur als Voraussetzung

Da laut der Social Media Studie in deutschen Unternehmen (BITKOM 2012, S. 4) weniger als die Hälfte (47 %) der KMU Social Media nutzte, ist es in diesem Kontext wichtig zu betonen, dass vor der Strategieentwicklung ebenfalls die Modifikation der Unternehmenskultur erforderlich ist (Buhse 2012, S. 116). Bevor eine Strategie entwickelt wird, ist es zu empfehlen, die Unternehmenskultur dahingehend zu verändern, dass die Hierarchien im Unternehmen nicht mehr starr sind, sodass möglichst schnelle Informationswege über alle Hierarchieebenen hinweg geschaffen werden können (Pein 2014, S. 224). Darüber hinaus ist es essentiell, dass das zur Verfügung stehende Wissen für alle an der Social Software beteiligten Nutzer zugänglich gemacht wird. Eine abteilungsübergreifende Informationsbereitstellung wird jedoch in vielen Unternehmen noch nicht praktiziert, weshalb die Transparenz in der Kommunikation nicht gegeben ist und somit die Effizienz im Unternehmen darunter leidet (Pein 2014, S. 226). Statt dezentraler Informationsverbreitung durch E-Mails an vereinzelte Mitarbeiter, ist es ratsam, Informationen zentral mittels einer Social Software Anwendung zu verwalten, damit Ideen *„schnell aufgegriffen, weiterentwickelt und implementiert werden können"* (Pein 2014, S. 313).

Jene Bereitschaft, Risiken einzugehen sowie innovativ zu denken, werden von ROBBINS UND JUDGE (2013, S. 546) als Merkmal einer Unternehmenskultur gesehen. Diese Risiko- und Innovationsbereitschaft sind in Form einer Veränderung der Kommunikationswege durch Social Software zu verstehen, wobei diese *„noch als Risiko statt als Chance begriffen"* wird (Pein 2014, S. 313). Demnach argumentieren 45 % der Unternehmen, die Social Media ablehnen, damit, dass Social Media nicht zur eigenen Unternehmenskultur passen würden (BITKOM 2012, S. 21). Diese Verschlossenheit gegenüber einer generellen Einführung von Social Media in Unternehmen deutet auf den Mangel einer positiven Unternehmenskultur hin. Denn eine positive Unternehmenskultur ist insbesondere dadurch gekennzeichnet, dass sie die persönliche Entwicklung der Mitarbeiter stärkt (Robbins und Judge 2013, S. 561). Allerdings wird bei einem Festhalten an den bisherigen kulturellen Unternehmensstrukturen den Mitarbeitern, die bei einer Einführung von Social Media aufgrund der gleichberechtigten Beteiligung Verantwortung übernehmen könnten, die Chance genommen, sich persönlich weiterzuentwickeln (Pein 2014, S. 313).

Der zentrale Grund für die Ausrichtung gegen eine Social Software Einführung liegt in *„einer Kultur der Gewohnheit"*, sodass die Integration des Fremden, in dem Fall der Social Software, nicht erfolgreich vollzogen oder gar verhindert wird (Pein 2014, S. 227). Die gleiche Erklärung für die Aussprache gegen eine Veränderung im Unternehmen haben ebenfalls ROBBINS UND JUDGE (2013, S. 552), die die Unternehmenskultur als potentielle Hürde für Veränderungen beschreiben.

Diese Bedenken sollten von einem speziell ausgewählten, unternehmensinternen Social Media Manager beseitigt werden, wobei er insgesamt die Aufgabe hat, *„einen übergeordneten, strategischen Rahmen für das Social-Media-Engagement* *seines Unternehmens zu schaffen und diesen kontinuierlich weiterzuentwickeln"* (Pein 2014, S. 45). Weiterhin ist der Social Media Manager, sowohl für die Erstellung der Strategie als auch für die darauffolgenden Schritte (Entwicklung und Steuerung von Guidelines sowie Bereitstellung angemessener Ressourcen) zur Realisierung der Social Media Governance, der Hauptverantwortliche (Pein 2014, S. 45–46).

Dabei können vor allem die kritischen Mitarbeiter von den Vorzügen der Social Software effizient überzeugt werden, indem sie an einer speziell dafür angelegten Schulung teilnehmen (Specht 2007, S. 36). Idealerweise ist eine Schulung vom Social Media Manager selbst durchzuführen (Pein 2014, S. 315). Bei Schulungen sollten die Social Media Verantwortlichen insbesondere die Nutzer über die Veränderungen in der Kommunikation und in der gesamten Organisation unterrichten und eine Einbindung der Unternehmensführung sowie der Mitarbeiter fördern (Koch und Richter 2009a, S. 165). Diese Veränderungen sind für die Gesamtunternehmung weitreichender als für die Kommunikation innerhalb des Unternehmens. Dies ist dadurch zu begründen, dass neben der Festlegung der Kommunikationsrichtlinien und -ziele, soziale Medien über die Kommunikation hinaus Eigenschaften, wie z. B. *„Offenheit, Transparenz, Agilität, Flexibilität und Dialogiebereitschaft"* in der Organisation fördern können (Buhse 2012, S. 121). Durch die aktive Einbettung und Teilnahme, die beim Enterprise 2.0 grundlegend ist, kann die Unsicherheit der Nutzer beim Umgang mit der Social Software minimiert werden (Koch und Richter 2009a, S. 165–167).

Dieser Aspekt wird im Kapitel 3.4, Bereitstellung angemessener Ressourcen, weiter vertieft. Jedoch ist zu betonen, dass eine Unternehmenskultur eine Behinderung für Veränderungen und Vielfalt innerhalb eines Unternehmens darstellen kann (Robbins und Judge 2013, S. 552), sodass der Zeitpunkt der Nutzerakzeptanz je nach Unternehmen und ihrer Kultur variieren kann.

3.1.2 Strategieentwicklung

Aufgrund der Tatsache, dass das Social Media Engagement, vor allem in KMU, nur teilweise organisiert ist, können Konsequenzen ineffizient genutzter Ressourcen auftreten und vorhandene Potenziale von Social Media für das Unternehmen unwirksam gemacht werden (BITKOM 2012, S. 15). Da diese Ineffizienz, insbesondere in KMU, möglichst gering gehalten werden soll, ist es wichtig eine Social Software Strategie zu entwickeln, wobei das POST-Rahmenwerk von Li und Bernoff (2008, S. 67) eine gängige Alternative zur Strategieentwicklung darstellt. Zwar werden Social Media anteilsmäßig sowohl in Großunternehmen als auch in KMU etwa gleich viel genutzt, jedoch sind bei

Großunternehmen die Finanzmittel und dementsprechend die Personalqualifikation weitaus höher (BITKOM 2012, S. 6), wodurch eine durchdachte Strategie bei KMU zur effizienten Social Software Nutzung wichtig ist.

Bevor eine Strategie entwickelt wird, sollte zunächst der IST-Zustand bezüglich des Themas Social Media im eigenen Unternehmen betrachtet werden. Hierbei geht es um die Klärung, ob und wie Social Media im Unternehmen bereits zum Einsatz kommen. Weiterhin sollte untersucht werden, ob Social Media zielgerichtet eingesetzt werden kann und wie sich damit einhergehende Möglichkeiten und Gefahren äußern (Fink et al. 2012, S. 104). Diese Analyse des IST-Zustandes vor der Social Media Strategie beinhaltet gemäß der Begriffsabgrenzungen in Kapitel 2.1 ebenfalls die Berücksichtigung der Social Software Nutzung.

Als Unterstützung für die Strategieentwicklung und -umsetzung existiert zusätzlich die Alternative, einen externen Social Media Berater aufzusuchen (Buhse 2012, S. 118). Jedoch scheint diese Möglichkeit für viele KMU nicht infrage zu kommen, da es einen erheblichen finanziellen Aufwand nach sich zöge und Großunternehmen in diesem Bereich i. d. R. besser aufgestellt sind. Demzufolge nehmen nur ein Zehntel der KMU externe Hilfe in Anspruch, während 30 % der Großunternehmen diese Möglichkeit wahrnehmen. Allerdings können KMU, gerade wegen der geringen finanziellen Möglichkeiten von externen Social Media Beratern profitieren, da zunächst häufig Unsicherheiten bei der Planung und Realisierung des Social Software Einsatzes besteht (BITKOM 2012, S. 16).

Im Folgenden wird das POST-Rahmenwerk zur Entwicklung der Social Software Strategie präsentiert. Jedoch ist einschränkend zu erwähnen, dass neben der POST-Methode bspw. die „Wer-Wie-Was-Methode" zur Strategieermittlung der Social Media Nutzung existiert (Aßmann und Röbbeln 2013, S. 128–131), sodass die Erkenntnisse nicht zu generalisieren sind.

Dabei steht POST für **P**eople, **O**bjectives, **S**trategy und **T**echnology. Zunächst sind die Leute (People), die erreicht werden sollen, der Ausgangspunkt der Social Software Strategie, wobei es unterschiedliche Nutzertypen gibt (Li und Bernoff 2008, S. 67). Dabei ist die Erreichung der Zielgruppe insofern wichtig, als dass 62 % der Unternehmen, die auf Social Media verzichten, ihren Verzicht dadurch rechtfertigen, dass die Zielgruppe nicht erreicht wird. Allerdings bezieht sich diese Angabe sowohl auf externen als auch auf internen Einsatz von Social Media (BITKOM 2012, S. 5).

LI UND BERNOFF (2011, S. 43–45) definieren insgesamt sieben Nutzergruppen (siehe Tabelle 3.1). Es ist zu betonen, dass die Anteile erwachsener Social Media

Nutzer nicht exakt 100 % ergibt, da sich die Nutzergruppen überlappen und bspw. die viele *„Critics"* ebenfalls *„Spectators"* sind (Li und Bernoff 2011, S. 41).

Nutzergruppe	Beschreibung	Anteil der Erwachsenen mit Internetzugang in %
Creators	Aktive Beteiligung; erstellen und veröffentlichen Inhalte über verschiedene Medien	14
Conversationalists	Aktualisierung ihren Status in sozialen Netzwerken und verfassen Beiträge	31
Critics	Kritik zu Produkten; führen Diskussionen, kommentieren Blogs, editieren Wiki-Beiträge	20
Collectors	Nutzen RSS-Feeds, sammeln und bewerten Inhalte	10
Joiners	Nutzen soziale Netzwerke und pflegen ihre Profile	41
Spectators	Lesen Blogs, Rezensionen und Foren; nur Konsument	54
Inactives	Keine jegliche Beteiligung	32

Tabelle 3.1: Nutzergruppen von Social Media in Europa[3]
Quelle: in Anlehnung an LI UND BERNOFF (2011, S. 43–45)

Aus Tabelle 3.1 lässt sich erschließen, dass sich im Jahre 2011 die Mehrheit der erwachsenen Menschen in Europa mit Internetzugang im Social Web aufgehalten hat, wobei nur ein geringer Anteil Inhalte produziert hat. Ebenso kann man der Darstellung entnehmen, dass insbesondere die Nutzergruppen *„Creators"* und *„Critics"* durch eine Social Software Strategie angesprochen werden sollten, sodass die Nutzung aktiv gestaltet und die Potenziale der Social Software möglichst weit ausgeschöpft werden.

Darauf aufbauend werden im nächsten Schritt Ziele (Objectives) definiert. Je nach externer oder interner Nutzung existieren unterschiedliche Ziele. Da es in dieser Arbeit um die interne Kommunikation geht, besteht das Primärziel darin, die Kommunikation und Zusammenarbeit zwischen den Mitarbeitern des Unternehmens effizienter zu gestalten (Li und Bernoff 2008, S. 67–68). Für die

---

[3]   Es handelt sich bei den Nutzergruppen, linke Spalte der Tabelle, um ein wörtliches Zitat. Zudem wurde die rechte Spalte, Anteil der Erwachsenen mit Internetzugang in %, hinzugefügt.

Social Software Nutzung ist es essentiell, die Mitarbeiter für die Anwendung der Tools zu motivieren und zu unterstützen (Li und Bernoff 2008, S. 68–69). Durch dieses Animieren sollen noch mehr Personen zur Nutzergruppe der „Creators" und „Critics" gewonnen werden.

Im nächsten Schritt gilt es eine Strategie (Strategy) festzulegen, um das Social Software Engagement langfristig zu planen (Li und Bernoff 2008, S. 68). Hierbei ist zu bestimmen, was mit den angesprochenen Nutzergruppen bezweckt werden soll und wie die Auswirkungen für das Unternehmen aussehen (Aßmann und Röbbeln 2013, S. 128). Ist die Strategie bspw. darauf ausgelegt, dass die Nutzerakzeptanz und -beteiligung durch Social Software im Unternehmen im Gegensatz zu Tabelle 3.1 zunimmt, ist es wichtig, nicht nur vor der Strategie-entwicklung, sondern auch währenddessen unternehmensinterne Skeptiker vom Social Software Einsatz zu überzeugen und somit die Zugänglichkeit der Mitarbeiter zu erreichen. Im Resultat soll eine Unternehmenskultur stehen, die Änderungen offen gegenübersteht und nicht als Barriere aufgebaut ist (Specht 2007, S. 36).

Die letzte Aufgabe im POST-Framework besteht darin, die Technologie (Techno-logy), die eingesetzt werden soll, zu bestimmen. Diese Entscheidung ist auf Grundlage der vorherigen Schritte des POST-Rahmenwerks zu treffen (Li und Bernoff 2008, S. 68). Bezugnehmend auf Kapitel 2.1 empfehlen sich für die interne Kommunikation in KMU insbesondere Weblogs, Wikis und soziale Netzwerke, wobei ebenso andere Technologien infrage kommen. Zwar erfordern Blogs dahingehend einen höheren Aufwand, als dass ein blogbetreibendes Unternehmen öfter Inhalte veröffentlichen muss als z. B. in sozialen Netzwerken, jedoch nutzen trotzdem 29 % der KMU einen Unternehmensblog und damit mehr als Großunternehmen mit 28 %. Zudem werden Wikis nur von 14 % der KMU verwendet, obwohl sie insbesondere Vorteile im Wissensmanagement aufweisen. Im Gegensatz ist der Anteil der Großunternehmen (31 %), die ein Wiki nutzt, mehr als doppelt so hoch (BITKOM 2012, S. 8).

3.2 Social Software Guidelines

Nachdem die Strategie entworfen ist, ist als nächster Schritt zur Social Media Governance die Formulierung von Richtlinien bzw. Guidelines zur Sicherheit im Umgang mit der Social Software zu bewerkstelligen. Guidelines sind dahinge-hend sinnvoll, als dass sie Chancen und Risiken der Social Media Aktivitäten im Unternehmen aufzeigen und die Nutzung für die beteiligten Personen vereinfa-chen (Pein 2014, S. 492). So können sie Ungewissheiten beim Umgang mit den

Kommunikationstools verringern sowie dafür sorgen, dass sich die Mitarbeiter nötige Fähigkeiten für den Social Media Einsatz aneignen. Ebenfalls wird mit Guidelines bezweckt, die Motivation der Mitarbeiter zu wecken, sich mit den Möglichkeiten und Grenzen des Web 2.0 zu befassen. Allerdings setzen nur knapp 20 % aller deutschen Social Media betreibenden Unternehmen auf Social Media Guidelines, wobei Großunternehmen in diesem Fall den KMU deutlich voraus sind, da 63 % von ihnen ihre Mitarbeiter durch Guidelines unterstützen. Diese Statistik besagt demzufolge, dass die Mehrheit der KMU, die Social Media aktiv einsetzt, kein konsequentes Rahmenwerk für den Social Media Einsatz festgelegt und die vorhandenen Potenziale bisher nicht vollständig ausgeschöpft hat (BITKOM 2012, S. 15). Um dies zu ändern, ist die Verwendung von Richtlinien für die externe und interne Kommunikation in KMU ratsam.

Weiterhin empfehlen FINK ET AL. (2012, S. 105) sogar den Unternehmen, die auf die Möglichkeiten des Web 2.0 verzichten möchten, Richtlinien einzuführen. Dies ist empfehlenswert, da heutzutage die Teilnahme am Web 2.0 durch mobile Endgeräte alltäglich ist und diese, neben dem privaten Gebrauch, ebenso geschäftlich eingesetzt werden. Allerdings können Gefahren des beruflichen Einsatzes privater Geräte auftreten, weshalb organisatorische Richtlinien Abhilfe schaffen würden. Jedoch werden die potenziellen Gefahren meist unterdrückt (Fink et al. 2012, S. 105).

In der Literatur wird die Nutzung von Social Media Guidelines von verschiedenen Autoren empfohlen (Aßmann und Röbbeln 2013, S. 71; Pein 2014, S. 492; Fink et al. 2012, S. 103). Im Folgenden werden Guidelines, die sowohl für den externen als auch für den internen Gebrauch von Media entwickelt wurden, präsentiert und anschließend an die interne Kommunikation, insbesondere in KMU, angepasst. Zwar haben mehrere Autoren ihre eigenen Social Media Guidelines entworfen (Fink et al. 2012, S. 105–106; Pein 2014, S. 493–494; Heymann-Reder 2011, S. 79), allerdings werden im Folgenden in dieser Arbeit, repräsentativ für die vorgenannten Autoren, lediglich die Richtlinien von FINK ET AL. (2012, S. 105–106) präsentiert. Demnach sind die sich daraus ergebenden Ergebnisse kritisch zu betrachten.

Für die interne Kommunikation, bspw. durch Knowledge Blogs oder Wikis, sind die folgenden Social Media Guidelines zwar zu befolgen, jedoch liegt der Fokus bei diesen Guidelines hauptsächlich in der Einhaltung der Kommunikationsregeln bezüglich der externen Kommunikation. Jene Social Media Guidelines unter-scheiden vier Kategorien und können der Tabelle 3.2 entnommen werden.

Privat oder geschäftlich	• Deutliche Trennung von privater und beruflicher Social-Media-Nutzung • Eindeutige Klärung der Eigentumsrechte an Social-Media-Accounts • Hinweis auf Eigenverantwortung und persönliche Haftung
Inhalte	• Sensibilisierung bezüglich zulässiger und unzulässiger Inhalte wie etwa der Vertraulichkeit von betrieblichen Inhalten oder der Gefahr geschäftsschädigender Äußerungen • Aufklärung, insbesondere zu Wettbewerbs-, Persönlichkeits- und Urheberrecht, sowie zu ergänzenden Rechtsfragen wie Datenschutz oder Arbeitsrecht • Mögliche Abstimmungsnotwendigkeit mit beteiligten Dritten in der Organisation • Klare Kennzeichnung privater Meinung
Mechanik des Social Web	• Wirkungsmechanismen des Social Web und der damit verbundenen Öffentlichkeit von Äußerungen • Rückwirkungen – auch privater Aktivitäten – auf arbeitsvertragliche und organisationsrelevante Zusammenhänge, auf die persönliche Web-Identität und das Image des Arbeitgebers • Rechtliche Grauzonen bei der Nutzung bestimmter, dem deutschen Rechtsrahmen nicht angepasster Social-Media-Plattformen und Tools
Kommunikationsstil und Netiquette	• Empfohlener Sprachgebrauch • Klare Erkennbarkeit des Absenders im Sinne von Transparenz und Wahrhaftigkeit • Respekt gegenüber Dritten sowie Beachtung ethischer Fragen • Umgang mit kritischen Situationen, wie Anfeindungen und Drohungen

Tabelle 3.2: Social Media Guidelines[4]
Quelle: (Fink et al. 2012, S. 105–106)

Für die interne Kommunikation ist es essentiell, die Richtlinien anzupassen. Besonders die Guidelines zur Kommunikationsform von FINK ET AL. (2012, S. 106) sollten für die innerbetriebliche Kommunikation in KMU übernommen werden. Dies kann sich produktivitäts- und effizienzsteigernd in Bezug auf die Zusammenarbeit zwischen verschiedenen Mitarbeitern oder Abteilungen im Unternehmen auswirken. Zur Einhaltung an die Kommunikationsregeln kann auch die

---

[4] Hierbei handelt es sich um ein wörtliches Zitat, das mit abweichender Darstellungsform präsentiert wird.

Verwendung der „*korrekte[n] Rechtschreibung*" gezählt werden (Heymann-Reder 2011, S. 79), sodass im Falle eines Verstoßes eine Korrektur nicht eingeplante Zeit in Anspruch nehmen und damit die Effizienz sinken würde.

Überdies nennt HEYMANN-REDER (2011, S. 79) die Absprache mit Abteilungsleitern bzw. Vorgesetzten als Richtlinie, wobei hierbei geklärt werden soll, ob Mitarbeiter ohne Kenntnisnahme des Vorgesetzten Beiträge in sozialen Medien veröffentlichen können. Bezüglich der internen Kommunikation kann dieser Punkt dahingehend angepasst werden, dass es eine Absprache über das Veröffentlichen von Beiträgen über die Abteilungsgrenzen hinaus mit Vorgesetzten geben sollte. Zwar wird die abteilungsübergreifende Informationsbereitstellung empfohlen (Pein 2014, S. 226), jedoch sollte die Verteilung von Informationen stets abgesprochen sein und zudem bedacht werden, welche innerhalb des Unternehmens einen Mehrwert ergeben und daher für alle Mitarbeiter zugänglich gemacht werden. Dieser Aspekt ist mit der Weitergabe sensibler Informationen bei der externen Kommunikation mittels Social Media zu vergleichen (Fink et al. 2012, S. 105–106). Jedoch muss hierbei betont werden, dass sich die Weitergabe von Informationen und die dadurch entstehenden potenziellen Risiken in der externen und internen Kommunikation unterscheiden. Während die fehlerhafte Kommunikation in den freien sozialen Medien i. d. R. Reputationsschaden nach sich zieht, sind Unternehmen bei der Verwendung von Social Software dieser Gefahr nicht ausgesetzt und können ungewünschte Zustände besser steuern (Buhse 2012, S. 117).

Des Weiteren sollte der Grundsatz, dass jeder Mitarbeiter bei einem Beitrag durch soziale Medien seine subjektive Meinung vertritt und nicht stellvertretend für eine Mitarbeitergruppe oder Abteilung spricht, befolgt werden. Dieser Punkt wird ebenfalls bei der externen Kommunikation erwähnt (Aßmann und Röbbeln 2013, S. 71). Die eigene Meinungsäußerung ist dennoch nicht innerhalb eines Wikis zu empfehlen, da diese Plattform für das gemeinsame, unternehmensweite Wissen bereitgestellt wird, die Meinung der Mehrheit eint und eine gewisse Objektivität erfordert (Röchert-Vogt und Gronau 2012, S. 43). Zusätzlich sollten Mitarbeiter bei der Verwendung von Social Software keine offenen Rechtsfragen haben, sodass sie u. a. Urheberrechte und Datenschutzauflagen einhalten. Obwohl Verstöße gegen juristische Richtlinien bei der internen Kommunikation nicht öffentlich zu sehen sind, können diese indirekt auffallen, indem die intern geteilten Informationen z. B. auf Umwegen extern zugänglich gemacht werden. Aus den vorgenannten Aspekten lassen sich für die interne Kommunikation folgende Social Software Guidelines ableiten:

Absprache mit Abteilungs-leitern bzw. Vorgesetzten	• Abstimmung, ob Mitarbeiter ohne Kenntnisnahme ihrer Vorgesetzten Beiträge via Social Software verfassen und veröffentlichen dürfen • Klärung der Informationen, die in den jeweiligen Kommunikationstools der Social Software veröffentlicht werden sollen
Inhalt der Beiträge	• Mitarbeiter machen kenntlich, dass sie ihre eigene Meinung darstellen • Jeder Autor spricht alleine für sich
Rechtsfragen	• Einhaltung von Urheberrechten und Datenschutzauflagen • Klärung der Haftung
Kommunikationsform	• Verwendung einheitlicher, korrekter Sprache • Deutlichmachung des Absenders zur besseren Nachvollziehbarkeit • Respektvolle Behandlung und sachliche Diskussion gegenüber anderen Nutzern (Menschenrechte dürfen nicht verletzt werden)

Tabelle 3.3: Social Software Guidelines

Die Tabelle 3.3 zeigt allgemeingültige Social Software Guidelines für die interne Kommunikation auf. Diese können verändert, angepasst und erweitert werden, wobei eine Modifikation u. a. von der Unternehmensgröße abhängig ist (Aßmann und Röbbeln 2013, S. 78), aber ebenfalls von der Regelmäßigkeit der Beitragsveröffentlichung (Aßmann und Röbbeln 2013, S. 75). Weiterhin besteht, wie bei der Strategieentwicklung, bei der Definition von Guidelines die Möglichkeit, externe Berater hinzuzuziehen (Aßmann und Röbbeln 2013, S. 79). Aber dies sollte abgewogen und wohlüberlegt entschieden werden.

3.3 Steuerung der Social Software

Da die Entwicklung der Strategie sowie Guidelines zur Social Software Nutzung in den letzten beiden Subkapiteln besprochen wurde, ist es nun wichtig, die Verantwortung über die Steuerung der Aktivitäten mittels Social Software zu bestimmen. Es wird darauf hingewiesen, dass die verantwortlichen Personen der sozialen Medien in einem Unternehmen, z. B. der Social Media Manager, i. d. R. sowohl die externe als auch interne Kommunikation steuern (Pein 2014, S. 45), sodass nach der Begriffsklärung in Kapitel 2.1 die Steuerung von Social Media ebenso die Steuerung der Social Software impliziert. Jene Zuständigkeiten von Social Media können größtenteils unverändert auf die interne Kommunikation angewandt werden. Demzufolge werden in diesem Abschnitt die Wichtigkeit, Integration und Anforderungen der Social Media Koordinierung beschrieben.

Relevanz der Social Media Steuerung

Der Aspekt der Verantwortung sozialer Medien ist in der gesamten Unternehmenskommunikation von Bedeutung. Dessen sind sich viele Unternehmen, insbesondere KMU, noch nicht bewusst. So besitzen von allen im Social Media aktiven Unternehmen 86 % der Großunternehmen, aber lediglich 41 % der KMU Steuerungsmechanismen für die Social Media Tätigkeiten. Anders betrachtet bedeutet dies, dass 59 % der KMU ihre Teilnahme in den sozialen Medien unstrukturiert betreiben und die Koordination der Tätigkeiten nicht verantwortet wird. Bei Großunternehmen ist die Vernachlässigung der Koordinierung zwar deutlich geringer, jedoch besteht aufgrund der Existenz mehrerer Abteilungen die Gefahr, dass der Mangel eines verantwortlichen Steuerungselements die vorhandenen Potenziale der Social Media Kommunikationstools nicht vollständig ausschöpft (BITKOM 2012, S. 15).

Meistens sind es vereinzelt engagierte Mitarbeiter, die die Aktivitäten im Social Web vorantreiben (Fink et al. 2012, S. 101). In KMU bestehen durch eine mangelnde Steuerung ähnliche Risiken (BITKOM 2012, S. 15), jedoch sind die Kommunikationswege und Strukturen im Vergleich zu Großunternehmen meist weniger komplex aufgebaut (Staiger 2008, S. 15). Demnach führt die fehlende Steuerung der Social Media Aktivitäten langfristig zu einem Misserfolg (BITKOM 2012, S. 15), da die erhofften Wirkungen nicht nur durch die Entwicklung der Strategie und Guidelines eintreten (Buhse 2012, S. 116). So sollte ein Social Media Engagement stets als dauerhafter Auftritt geplant sein (Iyilikci und Schmidt 2011, S. 80), wobei die Planumsetzung, in Form der Steuerung, nicht außer Acht gelassen werden sollte (Buhse 2012, S. 116). Es ist aber zu beobachten, dass sich in der Praxis die systematische Steuerung der Aktivitäten in den sozialen Medien noch nicht etabliert hat (BITKOM 2012, S. 15).

Schließlich folgt als Konsequenz daraus, dass die unkoordinierten Tätigkeiten der Social Software Nutzer nicht effektiv an die Unternehmensziele ausgerichtet werden (Fink et al. 2012, S. 101). Um diesen unerwünschten Effekten entgegen zu wirken, sollte die Bestimmung einer Verantwortung über die Aktivitäten in den sozialen Medien erfolgen (Fink et al. 2012, S. 102). Bisher werden Social Media Aktivitäten in 55,1 % der Fälle zentral in der Kommunikationsabteilung eines Unternehmens verantwortet (Fink et al. 2011, S. 52). Allerdings ist die damit verbundene Arbeit der Social Media Verantwortung für die zuständigen Personen in den meisten Fällen eine zu starke Belastung, sodass diese Aufgabe nicht effizient erfüllt werden kann. AßMANN UND RÖBBELN (2013, S. 60) empfehlen deshalb einen unternehmensinternen Social Media Manager zu beschäftigen, wobei die Realisierung dieser Arbeitsstelle u. a. von der Unternehmensgröße abhängig ist (Aßmann und Röbbeln 2013, S. 60).

Integration eines Social Media Managers

Bei kleinen Unternehmen sind die Kommunikationsstrukturen zumeist nicht komplex aufgebaut, wodurch der Mehraufwand von Social Media durch einen oder mehrere Mitarbeiter übernommen werden könnte. Zusätzlich kommt es bei Unternehmen dieser Größe häufig vor, dass das notwendige Budget für die Einstellung eines Social Media Managers nicht ausreicht. Bei mittelständischen Unternehmen ist die Integration eines Social Media Managers hingegen angebracht, da aufgrund der Komplexität der Unternehmensgröße die Koordination der Social Media Aktivitäten nicht beiläufig geschehen kann. Bei großen Unternehmen kümmern sich mehrere Mitarbeiter, gebündelt als eine Social Media Abteilung, um die Planung und Steuerung von Social Media innerhalb des Unternehmens. Jedoch bietet sich bei der Steuerung der sozialen Medien im Unternehmen, ebenso wie bei der Erstellung der Strategie und Guidelines, die Möglichkeit, die Hilfe externer Berater in Anspruch zu nehmen. Diese Entscheidung kann bspw. aufgrund mangelnder Ressourcen im eigenen Unternehmen getroffen werden (Aßmann und Röbbeln 2013, S. 60–61).

Beschließt ein Unternehmen einen Social Media Manager zu beschäftigen, muss zunächst geklärt werden, wie er in der Unternehmensstruktur anzusiedeln ist. Oftmals wird ein jene neue Stelle in die Kommunikationsabteilung eines Unternehmens integriert, wobei er als Schnittstelle zu den anderen Abteilungen fungiert, da die Aktivitäten in Social Media i. d. R. weitere Abteilungen (z. B. Marketing, Produktion, etc.) einschließt (Aßmann und Röbbeln 2013, S. 61–62).

Wie in Kapitel 3.1 bereits erwähnt, ist der Social Media Manager für die Planung, Integration und Koordinierung von Social Media im Unternehmen verantwortlich. Dazu gehören im Fall der Social Media Governance die Durchführung aller Schritte, angefangen vom Wandel der Unternehmenskultur bis zur Erfolgsmessung der Aktivitäten. Daneben ergeben sich operative Verpflichtungen, wie die Abstimmung mit den involvierten Abteilungen und die aktive Beteiligung in den Kommunikationskanälen (Aßmann und Röbbeln 2013, S. 64–65).

Anforderungen an den Social Media Manager

Da der Social Media Manager eine hohe Verantwortung übernimmt, sind spezielle Anforderungen an ihn unerlässlich (Pein 2014, S. 49). Jene Kriterien werden mittels eines Kompetenzmodells aufbereitet (siehe Abbildung 3.1). Die einzelnen Bestandteile des Modells werden im Anschluss kurz erläutert.

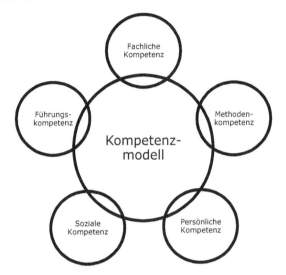

Abbildung 3.1: Social Media Manager Kompetenzmodell
Quelle: in Anlehnung an PEIN (2014, S. 49)

Zu den Fachkompetenzen gehört zunächst das Branchenwissen, sodass ein Social Media Manager sich mit den Themengebieten, Vor- und Nachteilen der sozialen Medien auseinander setzen sollte (Pein 2014, S. 49–50). Außerdem sollte er Kenntnisse über die Aufbau- und Ablauforganisation in einem Unternehmen besitzen sowie strategisch orientiert sein (Pein 2014, S. 52). Darüber hinaus sind Kenntnisse im Bereich (Online) Marketing zur Zielgruppengewinnung und -erhaltung (Pein 2014, S. 50), technisches Fachwissen und analytisches Denken zur Erfolgsmessung essentielle Anforderungen (Pein 2014, S. 53). Im Bereich der Methodenkompetenz sollte ein Social Media Manager insbesondere ausgeprägte Fähigkeiten haben, die Aktivitäten in den entsprechenden Kommunikationstools im Überblick zu behalten. Des Weiteren ist es wichtig, den Mitarbeitern des Unternehmens durch eine klare Ausdrucksfähigkeit und einer angemessenen Präsentation, die Aktivitäten im Social Web durch Schulungen näher zu bringen (Pein 2014, S. 54). Bei den persönlichen Kompetenzen des Social Media Manager sind vor allem die Affinität zum Thema Social Media (Pein 2014, S. 55) und Wissbegierde sowie Kreativität aufgrund der ständigen Weiterentwicklungen in diesem Bereich (Pein 2014, S. 56–57). Es ist aber zu betonen, dass die hohe Belastung und ungleichmäßige Arbeitszeit zum Beruf des Social Media Managers dazugehören (Pein 2014, S. 57). Zu den Sozialkompetenzen sind die Teamfähigkeit aufgrund der über die Abteilungsgrenzen hinaus gehenden Arbeit und die Fähigkeit, entgegengesetzte Meinungen beteiligter Person zu akzeptieren und zu verstehen (Pein 2014, S. 58). Schließlich muss ein Social Media Manager Entscheidungen wider Willen anderer Personen treffen, sich demzufolge durchsetzen können sowie als Leiter abteilungsgreifender Nutzer fungieren (Pein 2014, S. 59).

Konzept zur Social Media Steuerung

Da in 70,6 % der befragten Unternehmen keine Strukturen zur Social Media Governance existieren (Fink et al. 2011, S. 57), haben FINK ET AL. (2012, S. 107) ein Konzept zur Koordination von Social Media entwickelt. Die allgemeine Steuerung von Social Media im Unternehmen sollte von einem „Social Media Board" übernommen werden. Dieses Steuerungselement dient dazu, alle in Social Media involvierten Fachbereiche im Unternehmen zu berücksichtigen und einzuschließen (Fink et al. 2012, S. 108).

Insbesondere in den Kommunikationsabteilungen wirkt sich der Einsatz von Social Media in einem Unternehmen stark aus, sodass sich der/die Leiter der Unternehmenskommunikation an der strategischen Rolle des Social Media Boards beteiligen können. Demnach betrachten FINK ET AL. (2012, S. 107) die Abteilungen „Public Relations" und „Marketing" gesondert. Durch das Board sollen die Zuständigkeiten bezüglich der sozialen Medien im Unternehmen zweifelsfrei geklärt werden, damit sie effektiv durch die Mitarbeiter in den jeweiligen Bereichen zum Einsatz kommen (Fink et al. 2012, S. 107). In der Praxis scheint dieses Konzept allerdings noch nicht weit verbreitet zu sein, da nur 11,5 % der Unternehmen, die Social Media einsetzen, ein Social Media Board vorweisen können. Vielmehr verantwortet die Kommunikationsabteilung die Social Media Tätigkeiten oder es existieren gar keine Ordnungsstrukturen (Fink et al. 2011, S. 52).

Besonders die in der folgenden Abbildung 3.2 dargelegten Aufgaben sind die zentralen Verpflichtungen des Social Media Boards, das durch einen Social Media Manager angeführt sein könnte. Jene Abbildung fasst das Konzept von FINK ET AL. (2012, S. 107) zur Steuerung von Social Media graphisch zusammen.

Abbildung 3.2: Konzept zur Social Media Steuerung
Quelle: in Anlehnung an FINK ET AL. (2012, S. 107)

Für die Verwendung von Social Software, also die innerbetriebliche Kommunikation via Social Media, ist die Spezialisierung von einzelnen Abteilungen, wie die
Kommunikationsabteilung eines Unternehmens nach FINK ET AL. (2012, S. 107)
nicht explizit vorzunehmen, da die Nutzung der Social Software die Verknüpfung
aller Mitarbeiter eines Unternehmens fördert (Koch und Richter 2009a, S. 11).
Diese Vernetzung sollte alle Abteilungen gleichermaßen betreffen und Social
Software als abteilungsübergreifende Informationsbereitstellungsplattform zum
kollektiven Wissen im Unternehmen angesehen werden (Pein 2014, S. 226). Dies
ist essentiell zu betonen, da insbesondere bei der externen Kommunikation
Abteilungen, wie z. B. PR und Marketing, Social Media Kanäle zur Kommunikation mit dem Markt und Kunden gebrauchen (Aßmann und Röbbeln 2013, S. 15).
Daraus lässt sich schlussfolgern, dass andere Abteilungen bei der externen
Kommunikation weniger einbezogen werden, zumal bei der Strategieentwicklung
von Social Media kaum die ganze Organisation involviert wird, sondern hauptsächlich der Kommunikationsfachbereich (Fink et al. 2011, S. 46).

3.4 Bereitstellung angemessener Ressourcen

Die erfolgreiche Umsetzung der Social Media Governance in Unternehmen bedarf
des Angebots spezieller Ressourcen (Heymann-Reder 2011, S. 77). Die
Einführung, Verwaltung und langfristige Nutzung von sozialen Medien in
Unternehmen beanspruchen nicht nur Zeit, sondern verursachen auch Kosten,
speziell die „technische Implementierung" der einzelnen Medien (Aßmann und
Röbbeln 2013, S. 87). Jedoch verzichten viele Unternehmen auf spezielles

Budget für die Social Media Nutzung und bieten ihren Mitarbeitern kaum Möglichkeiten zur Schulung (Fink et al. 2012, S. 103). So geben nur 17 % der befragten Kommunikationsmanager, in deren Unternehmen Social Media zum Einsatz kommen, an, dass ihnen ein spezifisches Budget für die Nutzung und Verwaltung von Social Media zur Verfügung steht. Weitere 27 % der Verantwortlichen für die Kommunikation besagen, dass ihre Unternehmen Weiterbildungsmaßnahmen im Bereich Social Media anbieten (Fink et al. 2011, S. 54). Wie bereits in Kapitel 3.3 erwähnt, sollte nach AßMANN UND RÖBBELN (2013, S. 60) die Steuerung der Social Software und die damit verbundene die Verantwortung der Social Media Aktivitäten nicht beiläufig geschehen, außer es handelt sich um ein kleines Unternehmen mit unkomplizierten Strukturen. Diese personellen Ressourcen sind für die Nutzung der sozialen Medien unerlässlich und dies wird auch in der Praxis bereits berücksichtigt. Demnach kümmern sich in 80 % der Fälle in KMU bis zu 2 Mitarbeiter um das Thema Social Media. Bei 6 % der KMU, die auf Social Media setzen, arbeiten sogar mindestens 4 Personen in diesem Bereich. In Großunternehmen beschäftigen aufgrund der Komplexität der Unternehmensgröße hingegen mehr als ein Fünftel der Unternehmen mindestens 4 Mitarbeiter für die Social Media Aufgaben (BITKOM 2012, S. 18). Es wird allerdings darauf hingewiesen, dass die BITKOM-Studie nicht zwischen jenen Mitarbeitern, die Social Media nebenbei betreuen, und anderen Mitarbeitern, die nach dem Prinzip von AßMANN UND RÖBBELN (2013, S. 60) nur für Social Media zuständig sind, unterscheidet. Da die langfristige Nutzung von Social Media einen hohen Aufwand voraussetzt, bewerten 76 % der Kommunikationsleiter die personellen und finanziellen Erfordernisse als größte Hürden bei der Social Media Nutzung (Fink et al. 2011, S. 21).

Darüber hinaus sind die Social Media Verantwortlichen zur Einbindung der Mitarbeiter in die sozialen Medien verpflichtet, wobei den Mitarbeitern die Möglichkeit gewährt werden sollte, sich mit den eingeführten Kanälen und festgelegten Richtlinien zu befassen. Deshalb sollten die Mitarbeiter zur effizienten Nutzung der Social Software integriert und geschult werden (Heymann-Reder 2011, S. 77–78). Im Folgenden wird daher gesondert über die Mitarbeiterschulung im Bereich Social Media gesprochen.

Mitarbeiterschulung

Schulungen im Bereich Social Media sind besonders wichtig, weil den Mitarbeitern aufgezeigt werden soll, wie die Kommunikation via Social Media funktioniert. Die Workshops zur Mitarbeiterschulung sollten i. d. R. die Erklärung der Funktionsweise der Social Media Kanäle und die Präsentation der Social Media

Strategie und der Richtlinien enthalten sowie als Leitfaden für die ersten Schritte im Social Web innerhalb des Unternehmens dienen (Pein 2014, S. 471). PEIN (2014, S. 472) unterstreicht ebenfalls die Relevanz der Mitarbeiterunterstützung durch die Social Media Verantwortlichen bei Ungewissheiten beim Umgang der Kommunikationstools. Die Bereitschaft, Hilfe anzubieten, kann vielen Mitarbeitern die Angst vor der Nutzung nehmen, sodass die aktive Teilnahme der Mitarbeiter in den sozialen Medien befördert wird (Pein 2014, S. 472).

Wie der Aufbau eines Workshops gestaltet ist, ob alle Mitarbeiter oder zunächst nur einzelne Abteilungen die Weiterbildungsmaßnahme nutzen sollen, hängt von der Unternehmensgröße ab. Bei KMU bietet es sich an, das ganze Unternehmen anzusprechen, sodass alle oder zumindest die Mehrheit der Mitarbeiter das Angebot wahrnehmen kann. In Großunternehmen wird eine Schulung durch den Social Media Manager bzw. die Social Media Verantwortlichen durchgeführt, wobei diese Aufgabe ebenso an externe Berater delegiert werden kann (Aßmann und Röbbeln 2013, S. 79).

Obwohl die Schulung speziell für die Mitarbeiter in den einzelnen Abteilungen ausgerichtet ist, empfiehlt es sich, die Geschäftsleitung in die Weiterbildung einzugliedern. Dies ist notwendig, da die führenden Personen in einem Unternehmen, in dem Social Media zum Einsatz kommen, wissen sollten, wie soziale Medien funktionieren und welchen Mehrwert sie für die Mitarbeiter und das Unternehmen bereitstellen. Des Weiteren ist es ratsam, regelmäßige Treffen zu veranstalten, bei denen, die Teilnehmer neben zu schulenden Themen, die Möglichkeit haben, über ihre Erfahrungen zu diskutieren (Aßmann und Röbbeln 2013, S. 80). Überdies rät PEIN (2014, S. 472) dazu, Dokumente, bspw. in Form von elektronischen Handbüchern im Intranet, als Best Practices anzubieten, damit die Mitarbeiter bei Unsicherheiten einen Ratgeber zur Verfügung haben. Zudem argumentieren AßMANN UND RÖBBELN (2013, S. 80), dass regelmäßige Auskünfte über Neuerung in den Kommunikationskanälen z. B. durch einen „Newsletter" als komplementäres Weiterbildungsangebot anzusehen sind. Weiterhin implizieren die Ausführungen von AßMANN UND RÖBBELN (2013, S. 80), dass die Präsenztermine der Schulungen je nach Teilnehmeranzahl und Interesse der Mitarbeiter mehrmals angeboten werden könnten.

Verschiedene Punkte, die in Schulungen zu behandeln sind, werden sowohl von PEIN (2014, S. 471–472), als auch von AßMANN UND RÖBBELN (2013, S. 80) genannt. Im Folgenden werden die wichtigsten zu behandelnden Themen, lediglich nach AßMANN UND RÖBBELN (2013, S. 80), aufgeführt, weshalb die daraus resultierenden Feststellungen zu limitieren sind:

- *„Basisworkshop für die verschiedenen Netzwerke"*
- *„Was bedeutet Social Media für die Kommunikation zwischen Kunde und Unternehmen?"*
- *„Welche rechtlichen Aspekte muss ich beachten?"*
- *„Wie reagiere ich auf negative Beiträge?"*
- *„Spezifische Workshops zu aufkommenden oder relevanten Themen, wie z. B. bei neuen Netzwerken oder veränderten Richtlinien"*

Diese vorgenannten Inhalte der Mitarbeiterschulung bezüglich der Nutzung von Social Media zielen insbesondere auf die externe Kommunikation ab, sodass, neben der Wissensübermittlung über die Funktionsweise der unterschiedlichen Social Media Tools, die angemessene Kommunikation mit dem Kunden bzw. dem Markt trainiert wird (Aßmann und Röbbeln 2013, S. 80). Allerdings liegt der Fokus dieser Arbeit nicht auf der externen Kommunikation, wodurch die Inhalte einer Schulung zur Social Software Nutzung angepasst werden sollten. Bei der internen Kommunikation via Social Media stehen vor allem die Erstellung und Bereitstellung von Wissen im Mittelpunkt. Hierbei geht es nicht darum, das gemeinsame Wissen in Form von Dateien für alle Mitarbeiter zugänglich zu machen, sondern eher um die *„Vernetzung, Kommunikation und Zusammenarbeit zwischen Mitarbeitern"*, die wiederum ihr vorhandenes Wissen zur Effizienzsteigerung zusammentragen (Koch und Richter 2009a, S. 11). Daraus folgt, dass in erster Linie die Kernfunktionen der Social Software bei Weiterbildungsmaßnahmen der internen Kommunikation geschult werden sollten. Zu diesen Funktionen gehören nach KOCH UND RICHTER (2009a, S. 12) die nachstehenden Aspekte: *„Informationsmanagement"*, *„Identitäts- und Netzwerkmanagement"* sowie *„Interaktion und Kommunikation"*. Ein Training dieser Gesichtspunkte ist essentiell, da darin die Potenziale der Social Software für ein Unternehmen liegen und ihre Vernachlässigung zu einer ineffizienten Nutzung beitragen würde (Hauptmann und Steger 2013, S. 30).

Bei Social Software Weiterbildungen sollten jedoch Inhalte, die Teil der Social Media Schulung sind, nicht vernachlässigt und vereinzelt übernommen werden, obwohl diese ebenso die externe Kommunikation behandeln. So sollten bezugnehmend auf „Tabelle 3.3: Social Software Guidelines" Mitarbeiter beim Einsatz von Social Software bspw. eine geeignete Kommunikationsform beim Dialog mit anderen Nutzern verwenden, welches ebenfalls bei der externen Kommunikation fokussiert wird (Aßmann und Röbbeln 2013, S. 80). Daneben ist die Besprechung und Verinnerlichung der Strategie und Guidelines essentiell, wie sie bei der Kommunikation über die Unternehmensgrenze hinaus ebenso betont wird (Pein 2014, S. 471). Es ist beim Aufkommen von Social Media in Unternehmen wichtig zu erwähnen und den Mitarbeitern kenntlich zu machen, dass Social Media herkömmliche Medien nicht ersetzen, sondern lediglich eine Erweiterung zum bisherigen Kommunikationsangebot darstellen (Iyilikci und Schmidt 2011, S. 80). Bei der Einführung von Social Software zur Verbesserung der Zusammenarbeit handelt es sich nicht nur um eine Veränderung in der Kommunikation, sondern im Gesamtunternehmen. Es ergeben sich durch den Einsatz von Social Software dahingehend unternehmensweite Änderungen, dass die Maßnahmen zur Planung und Steuerung der sozialen Medien in das Unternehmen integriert sein sollten und daher die Unternehmenskultur zu berücksichtigen ist.

Eine weitere Änderung, die der Einsatz von Social Software im Unternehmen mit sich bringt, ist die Partizipation der Nutzer, sodass die betroffenen Nutzer geschult werden sollten, um potenzielle Unsicherheiten bei der Social Software Nutzung zu bereinigen bzw. einzugrenzen (Koch und Richter 2009a, S. 15–16). Dementsprechend bietet es sich an, bei einer Schulung zur erfolgreichen Nutzung von Social Software die folgenden Inhalte zu berücksichtigen und anzusprechen. Die Tabelle 3.4 dient dazu, allgemeine Themen einer Social Software Schulung darzulegen, sodass die aufgeführten Punkte je nach Unternehmen angepasst werden können.

Einführung in die Social Software	• Eingliederung von Social Software in die bisherige Kommunikations- und Organisationsstrukturen • Klärung der Funktionsweise sowie von Nutzen- und Gefahrenpotenzialen • Animieren und Einbindung der Nutzer zur partizipativen Nutzung der Social Software
Social Software Strategie	• Kenntnis über die unternehmensinterne Strategie
Social Software Guidelines	• Erklärung der Guidelines • Beleuchtung der Konsequenzen bei Nicht-Einhaltung der Richtlinien
Neuerungen der Tools	• Aufklärung über neuen Gestaltungs- und Nutzungsweisen in den einzelnen Social Software Anwendungen
Raum für Diskussionen und Fragen	• Angebot, sich über Erfahrungen auszutauschen • Beseitigung von Unklarheiten

Tabelle 3.4: Inhalte einer Social Software Schulung

3.5 Kennzahlen zur Erfolgsmessung

Der letzte Schritt bei der Social Media Governance erfordert nach HEYMANN-REDER (2011, S. 78) die Erfolgsmessung der Social Media Tätigkeiten. Obwohl dies Bestandteil der Social Media Nutzung innerhalb eines Unternehmens sein sollte, nutzt nur jedes zehnte Unternehmen Monitoring-Tools. Dies bedeutet, dass 90 % der Organisationen ihre Zielerreichung nicht überprüfen (BITKOM 2012, S. 4). Dieser hohe Anteil der Unternehmen, die auf die Erfolgsmessung verzichten, bezieht sich primär auf KMU, denn hinsichtlich der Großunternehmen nutzt fast jede zweite Organisation Mittel zur Kontrolle der Ziele bzw. des Erfolgs (BITKOM 2012, S. 16). Weiterhin stellen FINK ET AL. (2011, S. 15) bei ihrer Studie fest, dass 70 % der befragten Kommunikationsleiter in ihren Unternehmen wöchentliche weniger als eine Stunde oder gar keine Zeit für das Monitoring von Social Media aufwenden. Allerdings gaben bei dieser Studie 29 % der Kommunikationsverantwortlichen an, dass ihr Unternehmen Social Media Monitoring betreibt (Fink et al. 2012, S. 54). Social Media Strategien existieren jedoch bei etwa 83 % der Unternehmen (Fink et al. 2011, S. 45).

Diese Diskrepanz zwischen der vorkommenden Strategie und der häufig fehlenden Kontrolle ist bei der langfristigen Planung einer Unternehmung nicht vorgesehen. So argumentiert WILD (1974, S. 44): *„Planung ohne Kontrolle ist [...] sinnlos, Kontrolle ohne Planung unmöglich"*. Damit ist gemeint, dass die Planung nur durch Kontrolle den Zweck als Maßstab erreichen kann sowie die Kontrolle nur basierend auf Vorgaben in Form von Planungsgrundsätzen durchgeführt werden kann (Wild 1974, S. 44). Demzufolge ist nach diesen Aussagen festzuhalten, dass die Existenz einer Social Media Strategie in der Mehrheit der Unternehmen ihren Sinn nicht erfüllt, aufgrund einer fehlenden Kontrolle der Social Media Aktivitäten. Dementsprechend wird im Weiteren die Erfolgsmessung der Tätigkeiten in den sozialen Medien innerhalb eines Unternehmens untersucht.

Zur Messung der in der Strategie formulierten Ziele ist es empfehlenswert, Kennzahlen bzw. Key Perfomance Indicators (KPIs) zu definieren, sodass die Social Software Aktivitäten durch Zahlen ausgedrückt, also quantifiziert werden können (Koch und Richter 2009a, S. 181). KPIs werden in der Literatur beschrieben als *„standardisierte, vergleichbare Unternehmenskennzahlen"* zur Ermöglichung einer effizienten Übersicht über die erbrachten Organisationsleistungen, wobei sie insbesondere zukunftsorientiert sind, sodass Verbesserungen innerhalb des Unternehmens angestoßen werden. Es werden folgende Eigenschaften an KPIs festgelegt (Kollmann 2014, S. 473):

- *„Es erfolgt eine quantitative Messung. Als Maßeinheit können [...] Wäh-rungen [...] oder prozentuale Werte [...] verwendet werden."*
- *„Die Messung der Kennzahl erfolgt regelmäßig. Zur Verbesserung der Vergleichbarkeit und der Erhöhung der Aussagekraft werden KPIs in fest-gelegten Zeitabständen, z. B. einmal pro Woche, gemessen."*
- *„Die Einführung erfolgt auf Initiative und Verlangen der Geschäftsführung bzw. von führenden Abteilungen im Unternehmen."*
- *„Die Bedeutung der Kennzahl und entsprechende Reaktionen auf be-stimmte Messwerte sind den Mitarbeitern bekannt."*
- *„Personelle Verantwortlichkeiten (Individuum oder Team) bezüglich der Kennzahl sind geregelt."*
- *„KPIs haben einen erheblichen Einfluss auf [...] Erfolgsfaktoren des Unter-nehmens."*
- *„Positive Messungen haben einen positiven Einfluss auf [...] Erfolgsfakto-ren sowie ggf. auf andere KPIs."*

Jedoch halten sich wenige Unternehmen an den Ratschlag, KPIs einzusetzen, da im Jahre 2011 nur in 14 % der Unternehmen Kennzahlen zur quantitativen Social Media Erfolgsmessung vorhanden waren (Fink et al. 2011, S. 54). Bei den 29 % der Unternehmen, die laut FINK ET AL. (2011, S. 54) Social Media Monito-ring betreiben, geht es primär um die Beobachtung des Social Webs, insbeson-dere um das Erscheinungsbild des eigenen Unternehmens in den sozialen Medien, sodass Erkenntnisse gewonnen werden können (Pein 2014, S. 184). Zwar gehört die Quantifizierung des Erfolgs durch Kennzahlen zum Social Media Monitoring, jedoch spielen ebenfalls Beiträge von Kunden eine bedeutende Rolle, wodurch diese analysiert und Informationen aus jenen Reaktionen generiert wird (Aßmann und Röbbeln 2013, S. 296). Insgesamt gibt es zahlreiche, sowohl kostenlose als auch kostenpflichtige Instrumente für das Social Media Monito-ring, allerdings beziehen sich diese im Kern auf die externe Kommunikation (Heymann-Reder 2011, S. 100–103). Aus diesem Grund werden jene Tools in dieser Arbeit nicht weiter untersucht.

Da beim Einsatz von Social Software die Kommunikation mit dem Kunden nicht stattfindet, sind in der internen Kommunikation vor allem KPIs für die Erfolgs-messung von Relevanz, sodass KOCH UND RICHTER (2009a, S. 181) in diesem Zusammenhang vom *„Kollarobationscontrolling"* reden. Dabei meinen sie das Messen der Zusammenarbeit, die durch Social Software erfolgt (Koch und Richter 2009a, S. 181). Die beiden Autoren nennen daher für die Social Software Aktivitäten die folgenden Kennzahlen (Koch und Richter 2009a, S. 181–182):

- „Änderung in Kommunikationsverhalten (weniger E-Mails, weniger CC-E-Mails, [...])"
- „Menge an gesammelten Materialien ([z. B.] Anzahl Blogposts, Wiki-Seiten)"
- „Aktivität der Mitarbeiter / Grad der Beteiligung (wie viele tragen aktiv was bei)"
- „Grad der Beteiligung (Anzahl Leute) an einzelnen Dokumenten / Entscheidungen"
- „Vernetzung der Mitarbeiter / Anzahl der Kommunikationspartner"
- „allgemeine Mitarbeiterzufriedenheit"

Darüber hinaus werden in der Literatur weitere Kriterien beim Einsatz von Social Software festgelegt, wobei NIEMEIER (2012, S. 174) jene als „strategische Zielsetzungen" zur Erfolgsmessung bezeichnet. Er nennt dabei die folgenden Größen:

- „Effiziente, zielorientierte Mitarbeiterkommunikation und Vermeidung einer Informationsüberlastung"
- „Effizienter Wissenstransfer"
- „Aufbau eines Expertennetzwerkes"
- „Partizipation der Mitarbeiter"
- „Erhöhung [...] der Transparenz"

Die Kennzahlen von KOCH UND RICHTER (2009a, S. 181–182) sowie die Kriterien von NIEMEIER (2012, S. 174) sind sich im Kern sehr ähnlich und eignen sich für die Messung der Social Software Aktivitäten. Sie haben die Aufgabe, durch die Nutzung der Social Software dem betroffenen Unternehmen im Bereich der Wissensförderung und -koordinierung einen Vorteil gegenüber Konkurrenten zu verschaffen (Niemeier 2012, S. 174).

Die vorgenannten Kennzahlen sind jedoch keine monetären Kennzahlen. Solch eine Größe wird vom Return on Investment (ROI) dargestellt (Aßmann und Röbbeln 2013, S. 121). Der ROI ist „ein Modell zur Messung der Rendite" (Werner 2013, S. 133). Dieses Modell kann zum Einsatz kommen, wenn sich die Geschäftsleitung die Frage stellt, ob sich eine Investition im Bereich Social Media rentiert (Aßmann und Röbbeln 2013, S. 121). Die Problematik bei der Nutzung des ROI für Social Media Aktivitäten ist dahingehend gegebenen, dass „die qualitativen Nutzeneffekte (z. B. [...] höheres Engagement der Mitarbeiter durch verbesserte Mitarbeiterzufriedenheit)" des Social Software Einsatzes nicht durch eine ökonomische Kennzahl, wie es der ROI ist, ausgedrückt werden können und deshalb eine vollständige Messung des Erfolgs nicht durchzuführen ist (Niemeier

2012, S. 171). Die anderen von KOCH UND RICHTER (2009a, S. 181–182) und NIEMEIER (2012, S. 174) erwähnten Größen sind quantifizierbar (Niemeier 2012, S. 170).

Um zusätzlich, neben den o. g. Kriterien, weitere messen zu können, eignet sich die Implementierung des Ansatzes „*Return on Expectations (ROE)*", worunter die „*Identifikation von Anspruchsgruppen (Stakeholdern) und deren Erwartungen an die Einführung von Social Software*" verstanden werden. Jene Stakeholder können Abteilungen oder „*demographische Gruppen*" innerhalb eines Unternehmens darstellen. Bei der Social Software liegt der Fokus auf der Beteiligung der Nutzer, sodass eine detaillierte Betrachtung der Nutzererwartungen vollzogen werden sollte (Niemeier 2012, S. 174). Es sollten nach NIEMEIER (2012, S. 175) folgende Schritte bei der Analyse der Erwartungen erfolgen:

- „*Frühzeitiges Erkennen der Erwartungen der […] Anspruchsgruppen an […] [die Social Software] (Zielfindung)*"
- „*Übergeordnete Zielsetzungen […] [der Social Software] aus Sicht der Anspruchsgruppen in operative Zielsetzungen fassen (Zielpräzisierung)*"
- „*Gemeinsamkeiten über unterschiedliche Anspruchsgruppen hinweg erkennen*"
- „*Verantwortung der Anspruchsgruppen festlegen und Maßnahmen ableiten*"

Abschließend ist es essentiell, dass für die Messung beim ROE-Ansatz die Daten zu Beginn, bspw. vor der Einführung eines Social Software Tools, erfasst werden, sodass ein Soll-Ist-Vergleich durchgeführt werden kann.

4. Diskussion

In Kapitel 3 wurden intensiv die Schritte zur Einführung einer Social Media Governance in der internen Unternehmenskommunikation, insbesondere für KMU, veranschaulicht. Es gibt jedoch Ansatzpunkte, die diese Integration erschweren, sodass die Ergebnisse bei der Entwicklung der Social Media Governance für die interne Kommunikation infrage zu stellen sind. Zunächst wird das POST-Rahmenwerk von Li und Bernoff (2008, S. 67) in der Literatur kritisch betrachtet. Aßmann und Röbbeln (2013, S. 128) argumentieren, dass das POST-Framework ein stichhaltiges Instrument zur Entwicklung der Social Media Strategie darstellt, jedoch zwei Aspekte fehlen würden. Die beiden Autoren vermissen zum einen die Beurteilung der Ausgangssituation vor der Strategie-entwicklung sowie zum anderen ein Kontrollmechanismus zur Überprüfung der Strategieeinhaltung (Aßmann und Röbbeln 2013, S. 128). Allerdings wurden diese beiden Gesichtspunkte in dieser Arbeit gesondert genannt. Die Beschreibung des IST-Zustandes ist im Kapitel 3.1.1 sowie die Erwähnung der Strategie-umsetzung im Kapitel 3.5 vorzufinden. Ebenso sind Fink et al. (2012, S. 104) der Meinung, dass bei der Erstellung einer Social Media Strategie Maßnahmen zur Kontrolle der Umsetzung beachtet und angewandt werden sollten.

Darüber hinaus stellen die fehlende strategische Orientierung (Deimel und Kraus 2007, S. 155) sowie der in der Literatur vieldiskutierte Widerspruch zwischen der traditionellen Unternehmenssicht und Enterprise 2.0 (Ullrich 2012, S. 4) eine Hürde für KMU dar, Social Media Governance einzusetzen. Daher erfolgt im Weiteren eine detaillierte Untersuchung dieser Aspekte.

Fehlendes strategisches Management

Die Durchführung und Etablierung der langfristigen Planung bzw. Steuerung von Social Media in KMU ist aufgrund der fehlenden strategischen Ausrichtung (Deimel und Kraus 2007, S. 155) schwierig zu bewältigen. Das strategieorientierte Management intendiert die dauerhafte Koordination und das Fortbestehen des Unternehmens, wobei Erfolgskriterien erstellt und aufrechterhalten werden (Menzel und Puggel 2008, S. 177). Nicht nur Deimel und Kraus (2007, S. 155), sondern auch Menzel und Puggel (2008, S. 179) betonen, dass das strategische Denken bei KMU im Gegensatz zu Großunternehmen weniger ausgeprägt ist und KMU bei Planungsaktivitäten kürzere Perioden ausgestalten. Der Grund liegt darin, dass in KMU ein Mangel an Informationen und Wissen besteht (Menzel und Puggel 2008, S. 179) sowie die personellen und finanziellen Möglichkeiten im Vergleich zu Großunternehmen größeren Restriktionen unterliegen (BITKOM

2012, S. 6). Zwar gibt es in KMU Strategien, jedoch werden sie nicht explizit formuliert, sodass MENZEL UND PUGGEL (2008, S. 179) Strategien in KMU als *„implizit"* beschreiben. Damit ist gemeint, dass Strategien vorhanden sind, aber in seltenen Fällen dokumentiert und kommuniziert werden, da in KMU i. d. R. eher intuitiv gehandelt, denn strategisch koordiniert wird (Menzel und Puggel 2008, S. 179–180). Laut einer Befragung durch DEIMEL (2008, S. 285) von 101 KMU-Verantwortlichen im deutschsprachigen Raum ergab sich, dass knapp mehr als die Hälfte (50,5 %) keine Verschriftlichung von Strategien vollzieht.

Überdies ist bei der Einführung von Social Software im Unternehmen, wie bereits in Kapitel 3.1.1 erläutert, der Wandel in der Unternehmenskultur von besonderer Bedeutung. Daneben ist es wichtig, den gesamten Prozess der Einführung sowie der Planung und Steuerung von Social Software, der ebenfalls eine Veränderung darstellt, zu managen. Das Veränderungsmanagement dient insbesondere dazu, die Nutzerbedürfnisse nicht zu vernachlässigen, sodass die Einführung von Social Software nicht als formelle Prozedur durchgeführt werden sollte (Koch und Richter 2009a, S. 15). Das Change Management gestaltet sich wiederum einfacher, wenn das Unternehmen keine strikten Hierarchieebenen vorweist, sondern flexibel agieren kann (Menzel und Puggel 2008, S. 179). Die Aufhebung strikter Rangordnungen führt zu einer offenen Unternehmenskultur (Pein 2014, S. 224). Die angesprochene Flexibilität kann dadurch erreicht werden, falls das Konzept des strategischen Managements innerhalb des betroffenen Unternehmens vorzufinden ist (Menzel und Puggel 2008, S. 179).

Diese Kausalbeziehungen zur Social Media Governance lassen sich vereinfacht in einer Graphik beschreiben, sodass die folgende Abbildung 4.1 die Anforderungen an eine erfolgreiche Planung und Steuerung von Social Media zusammenfasst.

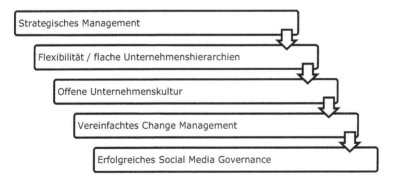

Abbildung 4.1: Strukturelle Anforderungen an Social Media Governance

Aus der Abbildung 4.1 kann geschlossen werden, dass KMU, bei denen das strategische Management nicht installiert oder wenig ausgeprägt ist, aufgrund fehlender Strategieausrichtung vor der Herausforderung stehen, Social Media erfolgreich in ihr Unternehmen zu implementieren und insbesondere langfristig Nutzenpotenziale auszuschöpfen. Zudem wird aufgezeigt, dass wegen der Flexibilitätssteigerung und der zunehmenden Komplexität in der Umwelt einer Organisation die Bedürftigkeit des strategischen Managements bei KMU gegeben ist (Menzel und Puggel 2008, S. 179). Daher ist es ratsam, die Präsenz des strategieorientierten Managements in KMU zu steigern, wobei dies eine zunehmende Eingliederung der Mitarbeiter nach sich zieht (Deimel und Kraus 2007, S. 166), wie es bei der Nutzung von Enterprise 2.0 vorausgesetzt wird (Koch und Richter 2009a, S. 15).

Besonders die Ausführungen von MENZEL UND PUGGEL (2008, S. 180), wonach KMU beim Mangel am strategischen Management ihre implizite Strategie weder formulieren noch kommunizieren, können sich bei der Nutzung von Social Software problematisch auswirken. Denn die Einführung und Etablierung von Enterprise 2.0 basiert in erster Linie auf dem Change Management, der Unterstützung durch die Geschäftsleitung sowie einer offenen Unternehmenskultur (Koch und Richter 2009a, S. 15). Der Prozess des Change Managements und der Integration des Top-Managements bedarf einer regelmäßigen Kommunikation mit den involvierten Personen (Pein 2014, S. 313–314). Zusätzlich ist für eine offene Unternehmenskultur die Aufhebung starrer Strukturen bei der Aufbauorganisation eines Unternehmens notwendig (Pein 2014, S. 224), damit der Großteil der beteiligten Nutzer aktiv an den Kommunikationsinstrumenten der Social Software teilnehmen (Koch und Richter 2009a, S. 167). Diese Nutzereinbindung sollte vorzugsweise abteilungsübergreifend durchgeführt werden, sodass das unternehmensinterne Wissen kollektiv bereitgestellt werden kann (Pein 2014, S. 226). Jene Eingliederung der Mitarbeiter in die Social Software kann lediglich vollzogen werden, wenn alle betroffenen Personen im Unternehmen angemessen informiert werden und ihnen die Sicherheit beim Umgang der Social Software Kanäle gegeben wird. Eine Möglichkeit, dies zu erreichen, ist die Maßnahme der Mitarbeiterschulung (Koch und Richter 2009a, S. 165).

Die in Kapitel 3.4 angesprochenen Maßnahmen zur Weiterbildung der Social Software Nutzer setzen eine enge Interaktion der Verantwortlichen der sozialen Medien mit den Mitarbeitern voraus. Dazu gehört insbesondere die Kommunikation der Social Software Strategie und der entsprechenden Richtlinien. Allerdings ist damit zu rechnen, dass diese Informationsweitergabe erschwert wird, wenn nach MENZEL UND PUGGEL (2008, S. 180) bereits die übergeordnete Strategie nicht explizit existiert bzw. kommuniziert wird. Daraus lässt sich entnehmen, dass KMU, die eine Strategie formuliert haben und diese kommunizieren, bessere Chancen besitzen, eine Social Software Strategie umzusetzen und letztlich die Social Media Governance erfolgreich zu betreiben.

Probleme zwischen Enterprise 2.0 und Unternehmensrealität

Es ist festzuhalten, dass der Einsatz von Social Software für die interne Unternehmenskommunikation nicht nur positiv betrachtet wird. ULLRICH (2012, S. 2) kritisiert, dass die für Enterprise 2.0 erforderlichen Eigenschaften wie *„Transparenz, Beteiligung, Dialog und Selbstorganisation"* realitätsfern seien. Die folgende Abbildung 4.2 dient zur Illustrierung der Vereinbarungsschwierigkeit zwischen den erforderlichen Kriterien für den Einsatz sozialer Medien in Unternehmen und der traditionellen Sicht auf ein Unternehmen:

Erfolgsfaktoren des Social Webs	Realität in vielen Unternehmen
Meinungsvielfalt: Es geht um Inhalte, nicht um Personen	Wertschätzung einer Idee ist an den Status des Ideengebers gekoppelt
Unabhängigkeit: Nutzer sind wirtschaftlich & sozial nicht von anderen Nutzern abhängig	(wirtschaftliche) Abhängigkeit der Mitarbeiter
Dezentralisierung: Jeder ist an der Bewertung/Entscheidungsfindung beteiligt	Zentralisierung von Entscheidungen

Abbildung 4.2: Social Software Anforderungen versus Unternehmensrealität
Quelle: in Anlehnung an ULLRICH (2012, S. 4)

Diese Ausführungen werden teilweise in der Literatur dadurch unterstützt, indem darauf hingewiesen wird, dass zwar die Nutzenpotenziale der Enterprise 2.0 hoch sind, jedoch die Einführung mit einem enormen Aufwand hinsichtlich der Unternehmenskultur verbunden und demnach die Etablierung der Social Software noch nicht weit fortgeschritten ist (Pein 2014, S. 313). Die Skepsis gegenüber dem Einsatz soziale Medien im Unternehmen ist heutzutage noch vorhanden, welches durch die Studie von BITKOM (2012, S. 21) aufgezeigt wird, da knapp die Hälfte der Unternehmen, die auf Social Media verzichten, eine Vereinbarungsproblematik zwischen Social Media und ihrer Unternehmenskultur sehen.

Überdies nennt ULLRICH (2012, S. 3) das Problem der niedrigen Nutzerzahl beim Enterprise 2.0, insbesondere in KMU. Dabei stützt er sich auf die 90-9-1 Regel von NIELSEN (2006), wonach 90 % der Nutzer in internetbasierten Netzwerken keine Inhalte produzieren, 9 % auf die Beiträge der aktiven Nutzer, die 1 % an der Nutzerzahl darstellen, reagieren. Trotz dieser Regel würden öffentliche Social Media Tools aufgrund der Nutzung von mehreren Millionen Menschen funktionieren. Vor allem in KMU wirke sich diese Regel negativ aus, sodass eine partizipative Beteiligung am Enterprise 2.0 unwahrscheinlich sei (Ullrich 2012, S. 3).

Die Kritik seitens ULLRICH (2012, S. 4) zur Herausforderung des Einklangs der Social Software und der Unternehmensstruktur kann dadurch entgegen gewirkt werden, indem die Wichtigkeit einer offenen Unternehmenskultur und des Change Managements wiederholt betont wird (Koch und Richter 2009a, S. 15). Dabei gilt es, die starren Hierarchien im Unternehmen aufzubrechen (Pein 2014, S. 310) und auf die Mitarbeiterbedürfnisse einzugehen (Koch und Richter 2009a, S. 15). Die Umsetzung dieser Schritte ist gewiss einfach (Koch und Richter 2009a, S. 16), jedoch steigt durch die technischen Weiterentwicklungen im Bereich des Web 2.0 das Bedürfnis von Unternehmen, bessere Leistungen zu erbringe und insgesamt effizienter zu arbeiten (Pein 2014, S. 311).

Die Verbesserungsmöglichkeiten der Produktivität sowie die Nutzenpotenziale der einzelnen Social Software Kanäle für die innerbetriebliche Zusammenarbeit und das Wissensmanagement sind präsent und wurden im Kapitel 2.1 detailliert erläutert. Ausgehend von jenen Vorteilen sollte die Planung der Social Software erfolgen und idealerweise durch Schulungen, die die Kommunikation der Vorteile beinhalten und die Bedenken der Mitarbeiter senken, bereichert werden (Pein 2014, S. 313–314). Durch die abnehmende Unsicherheit steigt zeitgleich die Nutzerakzeptanz und -beteiligung (Koch und Richter 2009a, S. 165). Gemäß der „Tabelle 3.4: Inhalte einer Social Software Schulung" ist es anschließend ratsam, durch regelmäßige Weiterbildungsmaßnahmen, die Mitarbeiter und Geschäftsleitung zu involvieren, sodass im Resultat die von ULLRICH (2012, S. 4) aufgezeigten starren Strukturen im Unternehmen gelockert werden könnten. Die besondere Rolle der aktiven Nutzerpartizipation gehört zum Change Management, das ein wichtiger Bestandteil bei der Enterprise 2.0 Realisierung ist, und sollte stets im Fokus der Social Software Nutzung stehen (Koch und Richter 2009a, S. 15), sodass das Argument der geringen Nutzerzahlen der Social Software (Ullrich 2012, S. 3), besonders in KMU, zu relativieren ist.

5. Resümee

Abschließend werden die erarbeiteten Gesichtspunkte komprimiert aufbereitet sowie auf die Einschränkungen der Arbeit und auf offene Fragestellungen in der Zukunft eingegangen.

5.1 Zusammenfassung

Die Potenziale von Social Software für die Optimierung der internen Kommunikation und Prozesse innerhalb eines Unternehmens sind zunehmend bekannt. Besonders Knowledge Blogs, welche Weblogs darstellen, die für die interne Kommunikation genutzt werden und die zentrale Aufgabe haben, Organisationsmitglieder Wissen und Meinungen einzelner Mitarbeiter bereitzustellen, sind im Kontext der internen Kommunikation hervorzuheben. Ebenso sind für die innerbetriebliche Koordinierung Wikis wichtig, die für das Wissensmanagement und Arbeiten in Gruppen einen hohen Nutzen stiften (siehe Kapitel 2.1).

Dementsprechend ist seitens der Unternehmen das Verlangen vorhanden, Enterprise 2.0 einzuführen. Zwar ist der Einsatz sozialer Medien im Unternehmen bereits fortgeschritten, jedoch werden die o. g. Potenziale nicht vollständig ausgeschöpft. Dies liegt daran, dass die Einführung von Social Software im Unternehmen nicht als kultureller Wandel angesehen wird. Die Social Software Nutzung setzt allerdings voraus, dass offen, partizipativ und transparent kommuniziert wird, sodass die Anpassung der Unternehmenskultur schon vor dem Einsatz der sozialen Medien erfolgen sollte (siehe Kapitel 3.1.1).

Zur Realisierung einer erfolgreichen Nutzung von Enterprise 2.0 ist es ratsam, den Einsatz der Social Software zu planen und daher eine Strategie festzulegen. Hierbei ist zu ermitteln, welche Personen angesprochen, welche Ziele mit dem Enterprise 2.0 Einsatz verfolgt und welche Technologien dabei verwendet werden sollen (siehe Kapitel 3.1.2).

Weiterhin ist die Bestimmung von Richtlinien ein wesentlicher Bestandteil der Social Media Governance im Kontext der internen Unternehmenskommunikation. Diese dienen dazu, den Nutzern die nötige Sicherheit zu geben, um einen effizienten Umgang mit den Social Software Kommunikationstools zu fördern (siehe Kapitel 3.2).

Darüber hinaus ist die Definition von Verantwortlichkeiten für den Bereich Social Media in einem Unternehmen von zentraler Bedeutung, da in vielen Fällen die Steuerung der Social Media Aktivitäten nur teilweise von einzelnen Mitarbeitern parallel zu ihren anderen Verpflichtungen oder gar nicht stattfindet. Demzufolge bietet es sich bereits in mittelständischen Unternehmen an, Mitarbeiter speziell für die Koordinierung der sozialen Medien zu engagieren. Bei kleinen Unternehmen kann die Steuerung von Social Media aufgrund der nicht ausgeprägten Komplexität in der Unternehmensstruktur i. d. R. weiterhin beiläufig geschehen (siehe Kapitel 3.3).

Ein weiterer elementarer Schritt zur Social Media Governance in der internen Kommunikation ist die Bereitstellung angemessener Ressourcen, denn für einen langfristigen und strategischen Einsatz sozialer Medien benötigt ein Unternehmen personelle und finanzielle Möglichkeiten. Daneben ist das Angebot der Mitarbeiterschulung für die Social Software Nutzung essentiell, wobei versucht werden soll, den Nutzern die Bedeutung der Medien näher zu bringen sowie ihre aktive Teilnahme zu fördern, da beim Enterprise 2.0 die Partizipation der Mitarbeiter besonders wichtig ist. Neben den Mitarbeitern ist ebenfalls die Mitgestaltung der Unternehmensführung bedeutsam, damit alle an der Social Software beteiligten Personen beim Veränderungsprozess der Enterprise 2.0 Einführung eingebunden werden (siehe Kapitel 3.4).

Die letzte Aufgabe innerhalb der Social Media Governance besteht darin, den Erfolg des Social Software Einsatzes zu messen, sowohl quantitativ als auch qualitativ. Dieser Schritt wird in der Praxis zu meist vernachlässigt, sodass die Aktivitäten als Erfolg bzw. Misserfolg nicht bewertbar sind. Jedoch sollten Überprüfungen mittels Kennzahlen regelmäßig stattfinden, um Verbesserungen in der Zukunft durchführen zu können (siehe Kapitel 3.5).

Allerdings ist festzustellen, dass die vorgenannten Schritte zur Realisierung der Social Media Governance besonders in KMU problematisch sein können, da im Gegensatz zu Großunternehmen kein ausgeprägtes strategisches Management existiert, wodurch der Planungshorizont in KMU im Regelfall kürzer ausfällt. Demzufolge stellt die langfristige Umsetzung einer Social Software Strategie in KMU eine Herausforderung dar. Dieser Problematik kann durch die Implementierung des strategischen Managements, welches die langfristige Planung impliziert und damit auf das persistente Fortbestehen abzielt, begegnet werden (siehe Kapitel 4).

Des Weiteren sollte die Gefahr der niedrigen Nutzerbeteiligung in KMU am Enterprise 2.0 dadurch begegnet werden, indem bereits bei der Planung der Social Software Aktivitäten auf die Bedürfnisse der Nutzer eingegangen wird. Zudem helfen Schulungen dabei, die Akzeptanz der neuen Medien zu steigern und die aktive Teilnahme zu fördern, damit sich der Einsatz von Social Software für die interne Kommunikation in KMU effizient gestaltet (siehe Kapitel 4).

Für den Erfolg der Nutzung sozialer Medien ist dementsprechend ein Rahmenwerk, die Social Media Governance, notwendig, das Strategien, Zuständigkeiten,
Richtlinien und Erfolgsmessungen festlegt. Dadurch wird eine unkontrollierte
Nutzung von Social Media verhindert und Mehrwerte für die Unternehmung
geschaffen (siehe Kapitel 2.2). Denn ein „formaler Ordnungsrahmen" in Form
der Social Media Governance hat einen positiven Effekt auf die strategische
Ausrichtung der sozialen Medien in Unternehmen (Fink et al. 2011, S. 61).

5.2 Limitationen

Diese Arbeit dient als Beitrag zur Forschung im Gebiet der Social Media
Governance für die interne Unternehmenskommunikation. Jedoch lag der Fokus
vor allem in der Berücksichtigung von KMU, die Social Software für die Verbesserung der internen Zusammenarbeit einsetzen. Zwar wird beabsichtigt die in der
Literatur vorhandene Forschungslücke zu verkleinern, jedoch sind die Ergebnisse
in ihrer Validität zu hinterfragen, aufgrund der Themendifferenzierung hinsichtlich der KMU und der Forschungsmethode, die lediglich auf der Literaturanalyse
basiert. Es wurden insgesamt 55 Literaturangaben aus verschiedenen Quellen
herangezogen. Dabei wurden 17 Monographien, 23 Beiträge in Sammelwerken
bzw. Konferenztagungen, 8 Internetdokumente bzw. -seiten (darunter 2
repräsentative Untersuchungen im Bereich des Social Media Einsatzes) und 7
Zeitschriftenaufsätze verwendet. Demnach handelt es sich um eine begrenzte
Auswahl an Quellen, sodass diese Arbeit keine vollständige Untersuchung
darstellt. Daher ist diese Arbeit nicht repräsentativ für die Planung und Steuerung der Social Software Aktivitäten in KMU durch Social Media Governance.

Als weitere Limitation ergibt sich, dass insbesondere die zitierten Studien von
BITKOM (2012), sowie von FINK ET AL. (2011) aufgrund ihres Veröffentlichungs-
zeitpunktes nicht aktuelle Angaben enthalten. Dementsprechend ist davon
auszugehen, dass in der Zwischenzeit aktuellere Ergebnisse über die Social
Media Nutzung in Unternehmen vorliegen. Zudem beziehen sich die angegebe-
nen Werte der beiden o. g. Studien lediglich auf deutschsprachige Unternehmen,
sodass sich die daraus gewonnen Kenntnisse nicht automatisch auf ausländische,
nicht-deutschsprachige Unternehmen adaptieren lassen.

Ferner ist einzuschränken, dass u. a. bei der Methode zur Entwicklung der Social
Software Strategie (siehe Kapitel 3.1.2) sowie bei der Präsentation der Social
Media Guidelines (siehe Kapitel 3.2) und der Inhalte einer Mitarbeiterschulung
zum Einsatz sozialer Medien innerhalb des Unternehmens (siehe Kapitel 3.4)
zwischen mehreren Alternativen selektiert wurde, sodass diese Auswahl mit

Limitationen verbunden ist. Gleiches gilt für die Annahme des Verständnisses der definierten Begriffe im Grundlagenkapitel, da unterschiedliche Definitionen genannt wurden (siehe Kapitel 2).

5.3 Zukünftige Forschung

Die Limitationen der Forschungsmethode dieser Arbeit sollten in der zukünftigen Forschung begegnet werden. Um validierte Ergebnisse zu erhalten, empfiehlt es sich, neben der Literaturanalyse ebenso z. B. eine empirische Untersuchung durchzuführen.

Insgesamt ist festzustellen, dass aufgrund der zunehmenden Weiterentwicklung im Bereich des Web 2.0 das Thema des Social Software Einsatzes in Unternehmen nicht verschwinden wird. Im Gegenteil, der Anteil der Unternehmen, ebenfalls KMU, die auf soziale Medien für ihre interne Kommunikation bzw. Zusammenarbeit setzen, wird vermutlich weiter steigen (BITKOM 2012, S. 5). Demzufolge ist die Social Media Governance an die technischen Neuerungen anzupassen, damit die Schritte zur Planung und Steuerung der internen Kommunikation weiterhin effizient durchgeführt werden können.

Die Literaturanalyse in dieser Arbeit hat gezeigt, dass sich bisher kein Standard für die Social Media Governance durchsetzen konnte. In der Literatur werden von HEYMANN-REDER (2011, S. 75–78) sowie von ZERFAß ET AL. (2011, S. 1034–1035) die in Kapitel 3 aufgeführten Gesichtspunkte für die Realisierung der Social Media Governance genannt. Hierbei könnte in Zukunft ein Standard für die Verwaltung von Social Media, also sowohl für die externe als auch für die interne Kommunikation, hilfreich erscheinen.

Literaturverzeichnis

Allen BJ, Tompkins PK, Busemeyer S (1996) Organizational Communication. In: Salwen MB, Stacks DW (Hrsg) An Integrated Approach to Communication Theory and Research. Lawrence Erlbaum Associates, Mahwah, NJ, S 383–395

Aßmann S, Röbbeln S (2013) Social Media für Unternehmen. Das Praxisbuch für KMU. Galileo Press, Bonn

Back A (2012) Einleitung. In: Back A, Gronau N, Tochtermann K (Hrsg) Web 2.0 und Social Media in der Unternehmenspraxis. Grundlagen, Anwendungen und Methoden mit zahlreichen Fallstudien. 3., vollständig überarbeitete Auflage. Oldenbourg, München, S 1–12

Back A, Heidecke F (2009) Einleitung. In: Back A, Gronau N, Tochtermann K (Hrsg) Web 2.0 in der Unternehmenspraxis. Grundlagen, Fallstudien und Trends zum Einsatz von Social Software. 2., aktualisierte Auflage. Oldenbourg, München, S 1–8

Bendel O (2007) Social Software als Mittel des Wissenmanagements in KMU. In: Bellinger A, Krieger D (Hrsg) Wissensmanagement für KMU. vdf Hochschulverlag, Zürich, S 93–110

Benz A (2004) Einleitung: Governance - Modebegriff oder nützliches sozialwissenschaftliches Konzept? In: Benz A (Hrsg) Governance - Regieren in komplexen Regelsystemen. Eine Einführung. VS Verlag für Sozialwissenschaften, Wiesbaden, S 11–28

BITKOM (2012) Social Media in deutschen Unternehmen. http://www.bitkom.org/files/documents/Social_Media_in_deutschen_Unternehm en.pdf (Abruf am 2014-02-12)

Buhse W (2012) Entwicklung einer Social Media Strategie. In: Back A, Gronau N, Tochtermann K (Hrsg) Web 2.0 und Social Media in der Unternehmenspraxis. Grundlagen, Anwendungen und Methoden mit zahlreichen Fallstudien. 3., vollständig überarbeitete Auflage. Oldenbourg, München, S 115–126

Clement R, Schreiber D (2013) Internet-Ökonomie. Grunlagen und Fallbeispiele der vernetzten Wirtschaft. 2., vollständig überarbeitete und erweiterte Auflage. Springer Gabler, Berlin, Heidelberg

Coase RH (1937) The Nature of the Firm. Economica 4(16):386–405

Deimel K (2008) Stand der strategischen Planung in kleinen und mittleren Unternehmen (KMU) in der BRD. Zeitschrift für Planung & Unternehmenssteuerung 19(3):281–298

Deimel K, Kraus S (2007) Strategisches Management in kleinen und mittleren Unternehmen – Eine empirische Bestandsaufnahme. In: Letmathe P, Eigler J, Welter F, Kathan D, Heupel T (Hrsg) Management kleiner und mittlerer Unternehmen. Stand und Perspektiven der KMU-Forschung. Deutscher Universitäts-Verlag, Wiesbaden, S 155–169

Döbler T (2008) Zum Einsatz von Social Software in Unternehmen. In: Stegbauer C, Jäckel M (Hrsg) Social Software. Formen der Kooperation in computerbasierten Netzwerken. VS Verlag für Sozialwissenschaften, Wiesbaden, S 119–136

Drüner M (2011) Social Media: Warum und wie die Organisation mitgenommen werden muss. In: Schwarz T (Hrsg) Leitfaden Online Marketing. Das Wissen der Branche. marketing-BÖRSE, Waghäusel, S 611–614

Europäische Kommission (2003) Definition von KMU. http://ec.europa.eu/enterprise/policies/sme/facts-figures-analysis/sme-definition/index_de.htm (Abruf am 2014-02-12)

Fink S, Zerfaß A, Linke A (2011) Studie Social Media Governance 2011. Kompetenzen, Strukturen und Strategien von Unternehmen, Behörden und Non-Profit-Organisationen für die Online-Kommunikation im Social Web. http://www.ffpr.de/newsroom/wp-content/uploads/2012/05/Social-Media-Governance-2011-Ergebnisbericht.pdf (Abruf am 2014-02-12)

Fink S, Zerfaß A, Linke A (2012) Social Media Governance. In: Zerfaß A, Pleil T (Hrsg) Handbuch Online-PR. Strategische Kommunikation in Internet und Social Web. UVK, Kontanz, S 99–110

Harnad S (1990) Scholarly Skywriting and the Prepublication Continuum of Scientific Inquiry. Psychological Science 1(6):342–343

Hauptmann S, Steger T (2013) "A brave new (digital) world"? Effects of In-house Social Media on HRM. Zeitschrift für Personalforschung 27(1):26–46

Heymann-Reder D (2011) Social Media Marketing. Erfolgreiche Strategien für Sie und Ihr Unternehmen. Addison-Wesley, München

Institut für Mittelstandsforschung Bonn (o. J.) Mittelstandsdefinition. http://www.ifm-bonn.org/mittelstandsdefinition/ (Abruf am 2014-02-12)

Institut für Mittelstandsforschung Bonn (2002) KMU-Definition des IfM
Bonn. http://www.ifm-bonn.org/mittelstandsdefinition/definition-kmu-des-ifm-
bonn/ (Abruf am 2014-02-12)

Institut für Mittelstandsforschung Bonn (2013) Mittelstand im Überblick.
Volkswirtschaftliche Bedeutung der KMU. http://www.ifm-
bonn.org/statistiken/mittelstand-im-ueberblick/#accordion=0&tab=0 (Abruf am
2014-02-12)

Iyilikci E, Schmidt J (2011) Kultureller und struktureller Wandel durch Social
Media. In: Dörfel L, Schulz T (Hrsg) Social Media in der
Unternehmenskommunikation. Prismus Communications, Berlin, S 73–90

Kaplan AM, Haenlein M (2010) Users of the world unite! The challenges and
opportunities of Social Media. Business Horizons 53(1):59–68

Koch M, Richter A (2009a) Enterprise 2.0. Planung, Einführung und
erfolgreicher Einsatz von Social Software in Unternehmen. 2., aktualisierte und
erweiterte Auflage. Oldenbourg, München

Koch M, Richter A (2009b) Social-Networking-Dienste. In: Back A, Gronau N,
Tochtermann K (Hrsg) Web 2.0 in der Unternehmenspraxis. Grundlagen,
Fallstudien und Trends zum Einsatz von Social Software. 2., aktualisierte
Auflage. Oldenbourg, München, S 69–75

Kolb G (2011) „Many-to-One-Kommunikation" – wie die Feedbacklücke der
Unterneh-menskommunikation zu schließen ist. In: Dörfel L, Schulz T (Hrsg)
Social Media in der Unternehmenskommunikation. Prismus Communications,
Berlin, S 277–278

Kollmann T (2014) E-Entrepreneurship. Grundlagen der
Unternehmensgründung in der Net Economy. 5., überarbeitete und erweiterte
Auflage. Springer Gabler, Wiesbaden

Komus A, Wauch F (2008) Wikimanagement. Was Unternehmen von Social
Software und Web 2.0 lernen können. Oldenbourg, München

Leisenberg M, Schweifel A (2012) Social Media für mittelständische
Unternehmen: Thesen und Handlungsempfehlungen. In: Lembke G, Soyez N
(Hrsg) Digitale Medien in Unternehmen. Perspektiven des betrieblichen Einsatzes
von neuen Medien. Springer Gabler, Berlin, Heidelberg, S 211–236

Levy M (2009) Web 2.0 implications on knowledge management. Journal of
Knowledge Managment 13(1):120–134

Li C, Bernoff J (2008) Groundswell. Winning in a World Transformed by Social Technologies. 1. Auflage. Harvard Business Press, Bosten, MA

Li C, Bernoff J (2011) Groundswell. Winning in a World Transformed by Social Technologies. 2. Auflage. Harvard Business Press, Bosten, MA

Maletzke G (1998) Kommunikationswissenschaft im Überblick. Grundlagen, Probleme, Perspektiven. Westdeutscher Verlag, Wiesbaden

Manouchehri Far S (2010) Social Software in Unternehmen. Nutzenpotentiale und Adaption in der innerbetrieblichen Zusammenarbeit. Josef Eul Verlag, Lohmar, Köln

Menzel D, Puggel A (2008) Strategische Manangement-Kompetenz in KMU. Ergebnisse einer repräsentativen Studie. In: Meyer J (Hrsg) Management-Kompetenz in kleinen und mittleren Unternehmen. Josef Eul Verlag, Lohmar, Köln, S 177–194

Nielsen J (2006) Participation Inequality: Encouraging More Users to Contribute. http://www.nngroup.com/articles/participation-inequality/ (Abruf am 2014-02-12)

Niemeier J (2012) Erfolgsmessung von Social Software im Enterprise 2.0. In: Back A, Gronau N, Tochtermann K (Hrsg) Web 2.0 und Social Media in der Unternehmenspraxis. Grundlagen, Anwendungen und Methoden mit zahlreichen Fallstudien. 3., vollständig überarbeitete Auflage. Oldenbourg, München, S 168–178

Pein V (2014) Der Social Media Manager. Handbuch für Ausbildung und Beruf. Galileo Press, Bonn

Peters P (2011) Reputationsmanagement im Social Web. Risiken und Chancen für Unternehmen, Reputation und Kommunikation. Social Media Verlag, Köln

Pleil T (2012) Weblogs im Kommunikationsmanagement. In: Zerfaß A, Pleil T (Hrsg) Handbuch Online-PR. Strategische Kommunikation in Internet und Social Web. UVK, Kontanz, S 237–253

Pleil T, Zerfaß A (2007) Internet und Social Software in der Unternehmenskommunikation. In: Piwinger M, Zerfaß A (Hrsg) Handbuch Unternehmenskommunikation. Gabler, Wiesbaden, S 511–532

Reilly A, Weirup A (2012) Sustainability initiatives, social media activity, and organizational culture: An exploratory study. Journal of Sustainability and Green Business 1:1–15

Robbins SP, Judge TA (2013) Organizational Behavior. 15. Auflage. Pearson, Essex

Robes J (2012) Weblogs. In: Back A, Gronau N, Tochtermann K (Hrsg) Web 2.0 und Social Media in der Unternehmenspraxis. Grundlagen, Anwendungen und Methoden mit zahlreichen Fallstudien. 3., vollständig überarbeitete Auflage. Oldenbourg, München, S 34–43

Röchert-Vogt T, Gronau N (2012) Wikis. In: Back A, Gronau N, Tochtermann K (Hrsg) Web 2.0 und Social Media in der Unternehmenspraxis. Grundlagen, Anwendungen und Methoden mit zahlreichen Fallstudien. 3., vollständig überarbeitete Auflage. Oldenbourg, München, S 43–53

Specht R (2007) "Soft Factors" - Die Relevanz von psychologischen Faktoren im Wissensmanagement. In: Bellinger A, Krieger D (Hrsg) Wissensmanagement für KMU. vdf Hochschulverlag, Zürich, S 31–41

Staiger M (2008) Wissensmanagement in kleinen und mittelständischen Unternehmen. Systematische Gestaltung einer wissensorientierten Organisationsstruktur und -kultur. In: Peters S (Hrsg) Weiterbildung - Personalentwicklung - Organisationales Lernen. Rainer Hampp Verlag, München, Mering, S 1–324

Stecher MA (2012) Enterprise 2.0. Sozio-technische Neuausrichtung von Unternehmen. Verlag Dr. Kovac, Hamburg

Ullrich TW (2012) Kein Enterprise 2.0 - Warum Social Media in Unternehmen nicht funktioniert. http://www.webosoph.de/2012/10/03/kein-enterprise-2-0-warum-social-media-in-unternehmen-nicht-funktioniert/ (Abruf am 2014-02-12)

Werner A (2013) Social Media - Analytics & Monitoring. Verfahren und Werkzeuge zur Optimierung des ROI. dpunkt.verlag, Heidelberg

Wild J (1974) Grundlagen der Unternehmensplanung. Rowohlt, Reinbek

Zerfaß A, Boelter D (2005) Die neuen Meinungsmacher. Weblogs als Herausforderung für Kampagnen, Marketing, PR und Medien. Nausner & Nausner, Graz

Zerfaß A, Fink S, Linke A (2011) Social Media Governance: Regulatory frameworks as drivers of success in online communications. In: Men LR, Dodd MD (Hrsg) 14th Annual International Public Relations Research Conference. "Pushing the Envelope in Public Relations Theory and Research and Advancing Practice", S 1026–1047